Revolución democrática
Una propuesta de emancipación política ciudadana para España

David Rodríguez Rodríguez

Índice

Agradecimientos

Agradezco los comentarios a las primeras versiones del libro que han hecho una serie de personas cercanas y también de especialistas de amplia experiencia en el mundo de la administración y la docencia desde distintas perspectivas personales, profesionales e ideológicas que han sido enriquecedores y han dotado de nuevos matices y mayor rigor al texto original. Entre ellas, me es grato reconocer a Miguel de la Corte Rodríguez, Ana María Rodríguez Valtierra, Carlos García de Cortázar, Donato Fernández Navarrete y Ángel Valencia Sáiz.

Sobre el autor

David Rodríguez Rodríguez (Madrid, 1981) es Doctor Europeo en Biología por la Universidad Complutense de Madrid. Ha trabajado para organismos científicos y técnicos de primer nivel como el Consejo Superior de Investigaciones  Científicas, la Comisión Europea, la *Chalmers University of Technology* (Suecia) o el *Marine Institute-Plymouth University* (Reino Unido). Actualmente ejerce como investigador posdoctoral en la Facultad de Geografía de la Universidad de Málaga.

En su faceta profesional, ha publicado cinco monografías, cuatro capítulos de libro y más de una treintena de artículos en revistas científicas internacionales sobre conservación de la naturaleza. En su faceta literaria, ha publicado tres poemarios, un libro de ensayos, una compilación de obras teatrales breves y tres libros de relatos.

Con *Revolución democrática*, Rodríguez Rodríguez se sumerge en el apasionante mundo del ensayo politológico con unas propuestas valientes enfocadas a corregir las ineficiencias y desigualdades del sistema político vigente en España desde 1978.

"Este Gobierno […], ¿qué es sino una tradición, aunque reciente, que trata de transmitirse inalterada a la posteridad, pese a ir perdiendo a cada instante retazos de su decencia?

[…] para hablar prácticamente como simple ciudadano, y a diferencia de los que se autotitulan «hombres de ningún Gobierno», yo reclamo, no la ausencia de todo Gobierno, sino, enseguida, uno mejor. Que cada hombre haga saber qué clase de Gobierno gozaría de su respeto, y ése será el primer paso para conseguirlo."

Henry David Thoreau

Prefacio

¿Por qué escribo este libro? Este libro parte de una premisa palmaria: el sistema político español[1] nacido de la Constitución de 1978 se encuentra en una crisis profunda y múltiple: una crisis de legitimidad; una crisis moral y, sobre todo, una crisis de funcionamiento que han generado una enorme desafección ciudadana hacia los partidos políticos y las instituciones, y que ponen en peligro el bienestar social, la unidad nacional y la convivencia.

Con este libro pretendo exponer las que, a mi juicio, son las causas, las consecuencias y posibles soluciones a esta crisis poliédrica, que no es exclusiva de España, pero que sí se manifiesta con especial intensidad en España debido a sus singulares características históricas, idiosincráticas y políticas. Acompaño mis afirmaciones con datos relevantes, no exhaustivos, de múltiples fuentes periodísticas o sociales que las respaldan, para que el lector pueda

---

[1] Cualquiera que sea el adjetivo que cada cual le otorgue: democracia, oligocracia, partitocracia, elitocracia, plutocracia, cleptocracia, etc.

ampliar su conocimiento de algunos hechos destacables que sirven para apuntalar mis razonamientos.

No me considero de derechas ni de izquierdas. No compro paquetes. Creo que tengo un mínimo juicio para quedarme con aquello que considero socialmente bueno y rechazar lo que perjudica al conjunto de la sociedad. En el campo de la ideas, abrazo aquello que de provechoso para la sociedad tienen todas las formas de ver el Mundo. Por ello, si el lector espera encontrar consignas de uno u otro signo ideológico o alineamientos partidistas de los que tanto sobran en nuestro país, siento decepcionarle. Las líneas que siguen están escritas desde un prisma ideológicamente ecléctico, socialmente humanista y culturalmente ilustrado, sin concesiones a lo políticamente correcto ni al estrecho marco de pensamiento que impone la moral sociopolítica dominante. Creo que la magnitud de la crisis que afrontamos requiere formas nuevas y resueltas de enfocar los problemas que aquejan al país.

No pretendo sentar cátedra con lo que escribo. Todo lo aquí escrito está abierto a escrutinio y discusión. Ése es su fin: exponer unas reflexiones críticas basadas en hechos constatados que puedan ser de utilidad para plantearnos qué país somos y qué país queremos ser, que estimulen la discusión y el debate productivos entre el conjunto de la sociedad española.

La hipótesis que mantengo en base a la evidencia empírica y que trato de justificar en este libro es que el sistema político imperante en la España contemporánea no es una democracia, sino una partitocracia, un gobierno de las estructuras partidistas que han usurpado el poder político y medran a costa de los ciudadanos bajo la ficción de un régimen democrático. No es una democracia porque el pueblo no gobierna ni decide, ni directamente ni a través de representantes. Las formas de democracia directa, como el referendo o la iniciativa legislativa popular, están extraordinariamente restringidas por nuestro ordenamiento constitucional. Tanto, que apenas se han empleado en los 42 años desde la Transición. Tampoco es una democracia representativa, como se publicita repetidamente, puesto que no existe representación efectiva entre el pueblo supuestamente representado y sus supuestos representantes: los políticos, quienes, como élite social, monopolizan el poder del Estado promoviendo sus propios intereses de clase y los de sus burocracias partidistas.

El discurso público de las élites y sus acólitos repite machaconamente el carácter democrático del Estado como un mantra para justificar sus privilegios ante la ciudadanía, pese a no sostenerse en los hechos constatables a diario. Aún así, resulta difícil sustraerse a esa ficción ubicua y bien decorada, lograr ver más allá de las palabras grandilocuentes y denunciar que, pese al atractivo de la propaganda omnipresente, la práctica cotidiana es muy diferente; que el flamante traje nuevo del emperador que todos celebran no es transparente, sino que el emperador está desnudo.

El inmovilismo y la complacencia abocan al estancamiento, el abuso de poder y la decadencia. Porque considero que sólo desde la participación social, el debate y la crítica constructiva se puede mejorar la sociedad en que vivimos y crear un país mejor para todos. Por eso escribo este libro.

Una sociedad en crisis

El común de los españoles, independientemente de su ideología, estará de acuerdo con esta afirmación de partida: el sistema de gobierno existente en España desde 1978 es disfuncional; es decir, no funciona como debería.

Ello tiene, a mi entender, numerosas causas, y acarrea consecuencias indeseables. España ha hecho en los cuarenta años de régimen pluripartidista desde la muerte de Franco grandes progresos que la asemejan a los países desarrollados de su entorno, como Francia, Alemania o Reino Unido, y que han permitido reducir enormemente la brecha socioeconómica con ellos que arrastraba desde la Revolución Industrial.

Sin olvidar el importante retroceso en la calidad de vida de una parte significativa de la población desde la crisis de 2008, el grado de progreso social y bienestar de la España contemporánea es innegable comparado con cualquier otra época histórica. Desde hace décadas, enfermedades comunes muy extendidas y mortales hace apenas 70 años, como la tuberculosis o el paludismo, han sido erradicadas. El hambre y la desnutrición, males endémicos en España desde tiempos inmemoriales, son afortunadamente algo del pasado.

Pero el hecho de que actualmente los españoles disfrutemos, tras siglos de negligencia y atraso, de la mejor España de la Historia y podamos por fin sentarnos a la mesa de otros países avanzados e incluso superarlos en estadísticas muy loables como la eficiencia del sistema sanitario[2], la donación de órganos[3] o la cantidad de territorio protegido para la conservación de la biodiversidad[4] no quita, como también desarrollaré más adelante, que vivamos a

---

[2] Morales, F. (23 de setiembre, 2018). El Sistema Sanitario español es el más eficiente de Europa. *Expansión*. Recuperado de: https://www.expansion.com/sociedad/2018/09/23/5ba7b616e2704 e9b2b8b4577.html

[3] España encabeza la donación de órganos en todo el mundo, con el 6% del total. (28 de agosto, 2019). *El Mundo*. Recuperado de: https://www.elmundo.es/ciencia-y salud/salud/2019/08/28/5d666a1021efa0ce0c8b4628.html

[4] La Comisión Europea y el MAPAMA destacan que España es el país europeo que más superficie aporta a la Red Natura 2000. (09 de febrero, 2017). *Europa Press*. Recuperado de: https://www.europapress.es/sociedad/medio-ambiente-00647/noticia-comision-europea-mapama-destacan-espana-pais-europeo-mas-superficie-aporta-red-natura-2000-20170209191744.html

considerable distancia de la mejor España posible, en una España disfuncional.

Entre las causas que explican esta disfunción, cito tres que me parecen fundamentales: la Historia, la idiosincrasia española y, la más importante: un sistema político injusto hecho a medida de una clase privilegiada organizada en torno a los partidos políticos. Ellos son los principales responsables del mal funcionamiento de las instituciones, y de muchas de las complicaciones a las que a menudo, muy conspicuamente en tiempos recientes, nos enfrentamos los españoles.

No he descubierto el fuego. Otros autores antes que yo ya han denunciado la actitud interesada y la rapacidad de unas élites que tratan el ejercicio del poder no como un medio de mejorar la vida de la ciudadanía, sino como el fin último de su actividad y abusan del mismo deslegitimando las instituciones que colonizan de forma parasitaria. En su célebre ensayo *"Why nations fail?: The origins of power, prosperity and poverty"*, Acemoglu y Robinson denominaron muy gráficamente a estos grupos de poder que merman el desarrollo de ciertas sociedades "élites extractivas". A tenor de los privilegios y la magnitud de la corrupción reinante en España desde

1978[5] (por poner una fecha coherente de comienzo de este análisis), no parece exagerada tal denominación a los partidos españoles de uno u otro signo.

Hay numerosos síntomas de la enormidad de la crisis de régimen que afrontamos y que cualquier lector, radioyente o televidente medianamente informado puede comprobar desde hace lustros. Indicios que desde la crisis de 2008 se han intensificado hasta resultar abrumadores e ineludibles: empeoramiento de las condiciones de vida de la mayoría[6]; falta absoluta de confianza en los políticos; colapso del bipartidismo que ha gobernado España ininterrumpidamente desde 1982 y proliferación de nuevas opciones electorales; continuos casos de corrupción; repeticiones electorales por gobiernos fallidos[7]; movilizaciones

---

[5] La corrupción en España cuesta 90.000 millones de euros anuales, casi el 8% del PIB, según un estudio. (08 de diciembre, 2018). *ABC*. Recuperado de: https://www.abc.es/economia/abci-corrupcion-espana-cuesta-90000-millones-euros-anuales-casi-8-por-ciento-segun-estudio-201812080214_noticia.html

[6] AEDGSS. (22 de marzo, 2017). *Debate sobre el Estado Social de la Nación 2017. ¿Nos están robando el futuro?* [Comunicado de prensa] Recuperado de: https://www.directoressociales.com/prensa/402-debate-sobre-el-estado-social-de-la-naci%C3%B3n-2017.html

[7] Precedo, J. (24 de agosto, 2018). La amenaza de las cuartas elecciones en cuatro años socava la credibilidad de una clase política

colectivas[8], abstención significativa[9]; impunidad política y de sus entornos de poder[10]; hartazgo ciudadano…

Tal es el hartazgo ciudadano con sus supuestos representantes que los políticos y los partidos llevan apareciendo repetidamente como uno de los principales problemas percibidos por los españoles desde hace años[11], algo gravísimo que debería hacer

---

bajo mínimos. *El Diario*. Recuperado de: https://www.eldiario.es/politica/Cuenta-elecciones-credibilidad-instituciones-arrasada_0_933356901.html

[8] Andréu, J., Kadner, M. y Gálvez, J.J. (23 de marzo, 2014). La Marcha de la Dignidad toma el centro de Madrid con miles de personas. *El País*. Recuperado de: https://elpais.com/politica/2014/03/22/actualidad/1395521928_044887.html

Un millón según la Urbana y 350.000 según la Delegación del Gobierno participan en la manifestación de la Diada. (11 de setiembre, 2017). *La Vanguardia*. Recuperado de: https://www.lavanguardia.com/politica/20170911/431209531528/cifras-participacion-diada.html

[9] La abstención en las elecciones: El poder de once millones de incógnitas. (03 de octubre, 2019). *EFE*. Recuperado de: https://www.efe.com/efe/espana/portada/la-abstencion-en-las-elecciones-el-poder-de-once-millones-incognitas/10010-4078264

[10] La Generalitat concede el tercer grado a Oriol Pujol. (22 de marzo, 2019). *El Periódico*. Recuperado de: https://www.elperiodico.com/es/politica/20190322/la-generalitat-concede-el-tercer-grado-a-oriol-pujol-7368820

[11] Zuil, M. (30 de julio, 2019). Los españoles, cada vez más hartos de los políticos, según el CIS. *El Confidencial*. Recuperado de: https://www.elconfidencial.com/espana/2019-07-30/cis-clase-

reflexionar a quienes esgrimen el argumento de ostentar el poder para mejorar la vida de los ciudadanos. No sólo no la mejoran, sino que la empeoran, creando más problemas de los que resuelven. Eso al menos pensamos la mayoría de los ciudadanos. Pongamos por ejemplo la nefasta gestión del problema catalán, que ha pasado en pocos años de un entusiasta movimiento de ampliación y reconocimiento de derechos autonómicos con el estatuto de 2006 a una obstinada rebeldía y un resentimiento enconado entre buena parte de la sociedad catalana, que ha puesto en serio riesgo la unidad nacional y la convivencia. Y todo ello, en buena parte, motivado por puro interés partidista que motivó el recurso del PP ante el Tribunal Constitucional de un estatuto aprobado por el parlamento catalán, el congreso de los Diputados, y refrendado por el pueblo catalán.

Podríamos argüir válidamente que la crisis de los sistemas parlamentarios tal y como los conocemos no es un fenómeno exclusivamente español.

politica-psoe-podemos-problema_2152935/

Gil, R. (04 de julio, 2019). ¿Por qué la política es cada vez más un problema y no una solución? *RTVE*. Recuperado de: http://www.rtve.es/noticias/20190704/politica-cada-vez-mas-problema-no-solucion/1966987.shtml

Efectivamente, existe una fuerte reacción en muchos países desarrollados contra un proceso de globalización que muchos perciben, por la izquierda, como socialmente injusto, amoral y destructivo ambientalmente, y por la derecha, como amenazante de la historia, tradiciones, etnias y economías de los países y regiones.

Siendo comprensibles todas esas razones, se percibe una crisis existencial subyacente mucho más amplia y transversal, una crisis profunda de valores, proyecto y perspectivas, tanto individuales como colectivas. Este desnortamiento vital tiene mucho que ver con la decadencia moral, ética y filosófica imperantes.

Los países desarrollados hemos puesto mucho empeño en liquidar la moral religiosa históricamente dominante, ya muy minoritaria, pero no hemos sabido sustituirla por otra filosofía vital que nos permita vivir colectivamente en armonía con nuestros vecinos, con el medio ambiente, ni con nosotros mismos. El egocentrismo extremo fomentado por la sociedad de consumo posiciona al individuo y sus creencias como un bien supremo, y rechaza toda limitación a la libertad individual como una imposición intolerable, aunque ello ponga en riesgo la convivencia o la misma supervivencia, si hablamos en términos ambientales.

La aversión a las más mínimas normas que nos permitan cohabitar pacíficamente se manifiesta en todas las esferas vitales, desde la educación, con consecuencias lamentables[12], hasta lugares tan prosaicos como los grupos de *Whatsapp*, donde establecer ciertas normas de comunicación es frecuente y vehementemente tachado de dictatorial.

Vivimos en un momento histórico delicado, en una sociedad que padece simultáneamente múltiples crisis: una crisis existencial, una crisis moral, una crisis de colectividad y una crisis de sistema político. El producto de todas estas crisis se manifiesta en apatía, desilusión, frustración, desorientación y tristeza.

Todas las crisis tienen solución. Y está en nuestro interés encontrarlas para realizarnos y ser felices. Individualmente, hemos de hallar un motivo superior para superarnos a nosotros mismos y hacernos cada día mejores personas, no sólo trabajadores más

---

[12] El 11% de las agresiones que sufren los profesores provienen de agresiones de familiares de los alumnos. (10 de abril, 2019). *ABC*. Recuperado de: https://www.abc.es/sociedad/abci-11-por-ciento-agresiones-sufren-profesores-provienen-agresiones-familiares-alumnos-201904101440_noticia.html

competitivos. Colectivamente, es necesario desarrollar, acordar e implementar un conjunto de normas éticas que nos cohesionen como sociedad, que fomenten la empatía, la cooperación, la solidaridad, la amabilidad con nuestros vecinos. Socialmente, hemos de extender estos valores a otras sociedades y pueblos del mundo desde el respeto mutuo, e intercambiar con ellos todo lo bueno, cultural, moral y material, que pueda hacer avanzar el bienestar humano. Políticamente, debemos liberarnos de la explotación que una minoría de privilegiados ejerce sobre el conjunto de la ciudadanía y tomar la responsabilidad de gobernarnos de forma justa y responsable, sin intermediarios interesados, en una sociedad empoderada consciente de sus intereses individuales y colectivos.

Al análisis y soluciones a esta cuarta crisis, la de sistema político, voy a dedicar el resto del libro, porque aunque todas son importantes, pienso que desde una política comprometida con el bienestar ciudadano se pueden dar pasos enormes para solucionar las otras. Aún así, queda en cada uno de nosotros hacer el esfuerzo de mejorar individual y colectivamente para ser no sólo más prósperos, sino más humanos y más felices.

España: historia de una convivencia difícil

España no ha sido siempre como es hoy, ni geográfica, social, económica, ideológica, ni políticamente. Conviene recordar que lo que hoy conocemos como España resultó hace ya más de quinientos años de la unión de distintos reinos que a través de la conquista, la incorporación y la fusión de distintas naciones ibéricas lograron la unificación española en un largo periodo que culminó en 1512 con la unión de los reinos de Castilla, Aragón, Navarra, León y Granada, que había sido sometida mediante conquista veinte años antes. La unión de estos cinco reinos medievales se representa simbólicamente en el escudo actual de España y es muestra inequívoca del carácter plurinacional del Estado.

Lo que vemos hoy es una foto, más o menos fija, de cómo quedó, geográficamente, aquella España que en los 1500 años anteriores había tenido la forma de imperios conquistadores y de multitud de pueblos y naciones independientes con relaciones ambiguas de coexistencia, competencia, conquista y vasallaje entre ellos. Esta diversidad se refleja aún hoy en la gran variedad de lenguas, costumbres y tradiciones que enriquecen la unión plurinacional que conformó España. Las evidencias son numerosas: es innegable que el País Vasco y Andalucía, o Cataluña y las Islas Canarias, tienen poco que ver etnográficamente.

Recalco el hecho plurinacional y multicultural de España como una enorme fortaleza que nos enriquece como país, pero que explica que no somos, ni hemos sido históricamente, una unidad idiosincrática, cultural, étnica, ni políticamente homogénea.

Probablemente, la falta de reconocimiento de esta diversidad de intereses nacionales dentro de la superestructura estatal española haya acrecentado en tiempos históricos la tendencia autoritaria e intolerante de los distintos regímenes españoles hasta el último cuarto del siglo XX. Es difícil gobernar la pluralidad. Como consecuencia, España tiene una larga tradición de desencuentros externos e internos.

Esto explicaría las reacciones totalitarias de tinte homogeneizador contra "el diferente" desde los Reyes Católicos, que impusieron la unidad religiosa y racial con la expulsión del país de los musulmanes y los judíos, hasta la reciente dictadura del general Franco, que denegaba la condición de español y perseguía a todo aquel que no cuadrase con sus estrechos márgenes mentales de lo que era España, pasando por las guerras religiosas de la Edad Moderna bajo la dinastía de los Austrias como abanderados de la Contrarreforma.

También explicaría las reacciones históricas continuas de las minorías nacionales o culturales "oprimidas" dentro de la superestructura de un Estado fuertemente centralista e ideológicamente monolítico: revuelta de los moriscos en el siglo XVI, guerras de sucesión e independencia de Portugal (y tentativa de Cataluña) en el siglo XVIII, revueltas independentistas coloniales, guerras carlistas, y pronunciamientos liberales o conservadores durante todo el siglo XIX, por citar sólo algunos de los ejemplos más conocidos.

En el primer tercio del siglo XX, una estructura social profundamente desigual y el abuso y mal gobierno de las élites propiciaron intentos revolucionarios de campesinos y obreros para mejorar sus condiciones miserables, que originaron un cambio de régimen político y una fuerte reacción de las clases dirigentes que culminó, en 1936, con una sangrienta guerra civil y una represión feroz en la posguerra contra todo aquel que profesase ideas democráticas, liberales, republicanas, comunistas, socialistas, anarquistas, masones, judías o protestantes: aquella mitad de españoles que el Franquismo denominó la "antiespaña". Conviene recordar que esta mentalidad sectaria ha sido hegemónica en España hasta 1978, con la aprobación de la primera Constitución pluripartidista desde la Segunda República.

La tendencia histórica de los regímenes españoles al autoritarismo ha influido de forma notable no sólo en el devenir histórico de la nación, con no poca responsabilidad en la creación de la famosa Leyenda Negra, sino en la conformación del propio carácter español.

El carácter español: intolerancia, individualismo y materialismo

Pienso que algunos de los rasgos más destacables del carácter español son su intolerancia, su individualismo y su materialismo. No sugiero que todos los españoles seamos así, ni que no seamos también solidarios, creativos y divertidos, que lo somos. Pero hago hincapié en los rasgos comunes del carácter que más contribuyen, a mi juicio, a las crisis en las que estamos inmersos.

Es notorio que, salvo excepciones, los españoles somos ideológicamente intolerantes. Nos cuesta aceptar puntos de vista diferentes de los nuestros, evolucionar ideológicamente. Esto se refleja claramente en los debates, públicos y privados, en los que la finalidad no es entenderse con el interlocutor, llegar a un acuerdo aceptable para ambos, sino incidir machaconamente en las propias ideas ignorando las del oponente, ridiculizando o ignorando sus argumentos para "vencerlo". Es decir, no buscamos el compromiso con el oponente, sino su derrota; y si es humillándolo, mejor. Se ve claramente en la ínfima calidad de los debates electorales, donde los candidatos "disparan" sus proclamas sin ni siquiera escuchar al otro, e intentando ponerlo en evidencia. De hecho, muchos de ellos hacen gala, inusitada en otros países avanzados, de la intransigencia al acuerdo, al pacto con el adversario, que conciben como una debilidad, en lugar de como una habilidad muy necesaria para la convivencia y armonía sociales.

Pero tal intolerancia no es exclusiva de los políticos. La practicamos a menudo los ciudadanos de a pie entre nosotros, con nuestros amigos, conocidos, familiares, colegas…Así es difícil construir consensos, conseguir concordia y progresar, ya que cualquier medida, a cualquier nivel, se tomará por la fuerza, y no se aceptará, o se aceptará de mala gana, por aquel interlocutor, grupo social o región que haya salido "derrotado" del "combate". Las medidas que logren materializarse intentarán ser revertidas tan pronto como el "adversario" tome el control, en un círculo vicioso de revancha sectaria[13]. Esta

---

[13] Del Riego, C. (16 de noviembre, 2020). Casado anuncia que derogará la Ley Celáa en cuanto llegue al Gobierno. *La Vanguardia*. Recuperado de:

imposición y reversión sistemáticas de decisiones se muestra en toda su crudeza, y lamentables resultados, en la política educativa[14].

Como explicaba anteriormente, la forma autoritaria de gobierno histórica en España y su inexperiencia parlamentaria pueden explicar esta forma intransigente de ver el Mundo, que afortunadamente se va suavizando ante el avance de una sociedad individualista con crecientes diferencias personales (en cuanto a creencias, identidad sexual, etc.) que hemos de tolerar para poder vivir juntos. Así, resulta alentador el avance en los derechos de algunas minorías que hasta hace pocos años estaban fuertemente discriminadas, como las mujeres y los homosexuales.

https://www.lavanguardia.com/politica/20201116/49490443591/casado-ley-celaa-derogar-constitucional-calle-bildu-nngg.html

[14] Gamarra, L, y Kindelán, C. (19 de noviembre, 2020). De la LGE a la LOMLOE: la 'ley Celaá' será la novena ley de Educación desde 1970. *20 minutos*. Recuperado de:
https://www.20minutos.es/noticia/4480192/0/leyes-educacion-espana-50-anos/

Stegmann, J.G. (04 de diciembre, 2019). Los alumnos españoles de 15 años sacan la nota más baja en Ciencias desde que existe el informe PISA. *ABC*. Recuperado de:
https://www.abc.es/sociedad/abci-alumnos-espanoles-15-anos-sacan-nota-mas-baja-ciencias-desde-existe-pisa-201912030900_noticia.html

Junto con la intolerancia, el español es individualista. Le preocupa él mismo, su círculo familiar y, como mucho, sus amigos. El hecho de ser una sociedad muy diversa y el desentendimiento histórico de las élites respecto de las condiciones de vida de los ciudadanos es probable que hayan influido en una baja cohesión social y un elevado individualismo de los españoles. El caso de los políticos es similar: les preocupan ellos mismos y sus círculos íntimos de poder e influencia: sus colegas de partido, a quienes hay que contentar para que no incomoden su posición; empresarios afines con quienes acordar el reparto del presupuesto público; y el propio partido, como estructura desde la que disputar poder y recursos a los partidos rivales para seguir medrando. Lo que le ocurra al vecino, a su comunidad, a su país o al medio ambiente pasa a un segundo o tercer plano.

El individualismo en un fenómeno contemporáneo fomentado por la sociedad de consumo y el poder que maximiza la división, atomiza la sociedad, ensalzando los egos como forma de impulsar un consumo irracional y evitar la organización ciudadana. Es un método muy eficaz de control social. ¿Cómo puede un individuo aislado defender sus intereses, plantar cara al poder establecido? Muy difícilmente. Se requiere la fuerza de la sociedad unida que reclame cambios reales que lleven a un empoderamiento efectivo. Sin embargo, el asociacionismo está en horas bajas. Incluso la mayoría de los que formamos parte de asociaciones, lo hacemos pasivamente como colaboradores económicos. Muy pocos ponen su tiempo y energía a trabajar para cambiar la sociedad.

Por último, el español es materialista. La fascinación por los bienes de consumo es entendible viniendo de una sociedad históricamente pobre y atrasada donde el común de los españoles carecía de todo, hasta de lo más básico, hasta bien entrada la década de los 1960. El materialismo tampoco es exclusivo de España, sino que se ha fomentado desde la cultura capitalista como forma de progreso y felicidad. Algo similar ocurre en las sociedades poscomunistas, deslumbradas por la diversidad de objetos repentinamente a su alcance. Sin embargo, los estudios sobre felicidad afirman que, una vez cubiertas unas necesidades vitales básicas, la gente no es más feliz cuanto más tiene o cuanto más gasta en bienes materiales. Por el contrario, unas relaciones sociales frecuentes, buenas posibilidades de desarrollo personal, una certidumbre con respecto al futuro y un medio ambiente saludable son factores que determinan mucho más la felicidad individual, y que cualquiera puede comprobar por sí mismo.

Una sociedad individualista, que pone al individuo y sus intereses particulares por encima de todo, que idolatra al que más tiene como un "triunfador", y que rechaza sistemáticamente las ideas de quien no piense como él es presa fácil del abuso de poder. En estas circunstancias, cada uno mirará por su propia prosperidad, ignorando la de su vecino y, atrincherado en sus prejuicios, rechazará formas diferentes de hacer las cosas y delegará toda participación en la toma de decisiones en quienes ostentan el poder despóticamente para beneficio propio.

Los primeros pasos del parlamentarismo español

Puede afirmarse sin exagerar que, con excepción de dos breves periodos históricos donde el parlamentarismo ha podido desarrollarse sin ataduras regimentales (aunque no sin problemas), España carece de tradición parlamentaria: entre 1931-1936, durante la Segunda República, y en el más dilatado periodo que va desde la Transición de 1977 hasta la actualidad. Apenas 45 años discontinuos en los que al menos los ciudadanos han podido elegir libremente los partidos en el gobierno y han disfrutado de libertades civiles. Un pestañeo, hablando en tiempos históricos. Sólo nos sobrepasan en su "juventud parlamentaria", en el ámbito europeo, los países del antiguo bloque soviético y de la ex–Yugoslavia, que no han conocido sistemas parlamentarios estables hasta mediados o finales de la década de 1990.

Otros países europeos que sucumbieron a dictaduras de partido o unipersonales, como Italia o Alemania, tienen ya casi 80 años de tradición parlamentaria consolidada mientras que los más antiguos, como el Reino Unido, datan de hace más de 300.

En la España de principios del siglo XIX comenzaron a darse los primeros brotes insurreccionales contra el absolutismo monárquico, que cristalizaron en la efímera Pepa, la Constitución liberal de 1812. Tras periodos reaccionarios represivos en los que la monarquía trataba de conservar la estructura social inmovilista del Antiguo Régimen, se desarrolló un sistema parlamentario bipartidista meramente formal tutelado por la Corona, entre pronunciamientos militares frecuentes y un breve cambio de régimen, durante todo el resto del siglo XIX y el primer tercio del siglo XX. El poder seguía estando, en la práctica, en manos del Soberano, quien ponía y quitaba presidentes a su antojo, apoyado por altos mandos militares. Así, el precario régimen parlamentario no pasó de ser una mascarada en la que la manipulación de los resultados electorales, el caciquismo local, y el "turnismo", es decir, el cambio pactado del partido conservador por el liberal en el gobierno y viceversa, eran la norma.

La respuesta a la ineficacia del gobierno parlamentario, los continuos reveses en la guerra colonial de Marruecos y la agitación regionalista y revolucionaria cristalizó en forma de golpe de Estado y dictadura centralizadora por el Capitán General de Cataluña, Miguel Primo de Rivera, en 1923. Tras su renuncia al poder en 1930, el Rey se quedó sin apoyos y, tras las elecciones municipales de abril de 1931, se proclamó la Segunda República, el primer régimen plenamente parlamentario y multipartidista de la historia de España. El carácter radical de algunas de las medidas de los gobiernos republicanos, las continuas revueltas sociales y la oposición violenta de las clases dirigentes que veían amenazada su posición dominante culminaron en la última y más sangrienta Guerra Civil entre españoles: la de 1936-1939. A partir de entonces, y durante 39 años, el General Franco ostentó un poder unipersonal absoluto, férreamente centralista, ultraconservador y represivo. Sólo a partir de 1977, paulatinamente, comienza a desarrollarse un sistema pluripartidista progresivamente liberado de tutelas de poderes extraparlamentarios, aunque hasta 1985 no completamente libre de amenazas de intervención militar involucionista[15].

---

[15] 'Los otros 23F: la Transición que no te han contado' repasa las intentonas golpistas para frenar la democracia. (16 de noviembre,

Hay tres características principales del sistema parlamentario español de 1978: su juventud, las tendencias heredadas y las presiones. Por una parte, el parlamentarismo genuino es una forma de gobierno "nueva" en España, a la que no estaban acostumbrados ni los españoles de hace 40 años, ni los miembros de los partidos de aquella época, que han gobernado hasta la moción de censura a Mariano Rajoy en 2018.

A la falta de experiencia parlamentaria hemos de añadir unas tendencias perniciosas heredadas de los regímenes precedentes, fundamentalmente de la longeva dictadura que precedió al parlamentarismo actual, donde la corrupción, el tráfico de influencias, el cohecho, el nepotismo, el clientelismo y el abuso de poder eran moneda corriente[16]. Dichas tendencias siguen siendo comunes en todas las escalas administrativas. Las escalas municipal y provincial son especialmente proclives a conductas inapropiadas[17].

2018). *LaSexta.com*. Recuperado de: https://www.lasexta.com/programas/sexta-columna/avances/los-otros-23f-la-transicion-que-no-te-han-contado-este-viernes-en-lasexta-columna_201811125be9fc680cf25d939fb5858e.html

[16] Paul Preston: *Franco, Caudillo de España*.

[17] El mayor golpe a la corrupción municipal: 43 ayuntamientos bajo la lupa de la Justicia. (08 de julio, 2018). *Leonoticias*. Recuperado de: https://www.leonoticias.com/leon/mayor-golpe-

De hecho, algunas prácticas caciquiles arraigadas en el sistema parlamentario español del siglo XIX que creíamos superadas como el voto fraudulento[18], la coacción electoral[19] o la compra de votos[20] aún perviven en ciertos ayuntamientos, diputaciones provinciales e, incluso, comunidades autónomas[21].

Es hasta cierto punto normal que alguien que ha vivido siempre bajo un sistema caciquil y corrupto, que no conoce otra cosa, replique esas actitudes en

corrupcion-20180708213259-nt.html

Andrés, R. (19 de julio, 2018). La larga mancha de la corrupción en las diputaciones valencianas. *La Vanguardia*. Recuperado de: https://www.lavanguardia.com/local/valencia/20180719/459504677 98/corrupcion-diputacion-valencia-alicante-castellon.html

[18] Riveiro, A. y Lombao, D. (09 de junio, 2016). El PP, a juicio por llevar a votar a ancianos con las facultades intelectuales afectadas. *El Diario*. Recuperado de: https://www.eldiario.es/politica/PP-ancianos-facultades-intelectuales-afectadas_0_524947732.html

[19] Ortega, L. (02 de junio, 2015). Un juzgado investiga una posible coacción en el voto en Torreblanca. *El País*. Recuperado de: https://elpais.com/ccaa/2015/06/02/valencia/1433265792_001691.html

[20] García, A. (10 de octubre, 2019). El PSOE hizo un «censo oficial» de enchufados para exigirles el voto. *ABC*. Recuperado de: https://sevilla.abc.es/sevilla/sevi-psoe-hizo-censo-oficial-enchufados-para-exigirles-voto-201910092143_noticia.html

[21] Moreno, S. (24 de marzo, 2015). Así gana el PSOE las elecciones en Andalucía. *El Mundo*. Recuperado de: https://www.elmundo.es/andalucia/2015/03/24/551173a722601d2 0788b4574.html

otro tipo de régimen. Por ejemplo, es muy probable que la contemporización de Mariano Rajoy con los abundantes casos de corrupción del PP de las primeras décadas de los años 2000 tenga que ver con formas heredadas de gobernar y actuar propias de otras épocas y regímenes. No olvidemos que el ex mandatario de 64 años procede del PP gallego de Fraga Iribarne, ministro de Franco. Pero, contrariamente a lo que se podría pensar por la pretendida renovación de los partidos y de sus líderes, las tendencias negativas anteriores continúan al calor de una legislación laxa para los delitos de las clases dirigentes, y de una justicia politizada.

En estas condiciones, los políticos tienen pocos incentivos para el cambio de actitudes. Obrar mal apenas se castiga, en el caso de que haya algún castigo, mientras que puede tener unos réditos jugosos durante y tras la vida política. Los partidos nuevos surgidos del malestar social tras la crisis y su gestión, pese a criticar los manejos poco éticos de los partidos tradicionales, pronto se han apuntado al reparto del pastel público cuando han tenido oportunidad[22].

---

[22] El PSOE renovará el Constitucional, el CGPJ y RTVE con Podemos y otros partidos. (04 de junio, 2018). *Público*. Recuperado

Algo similar ocurre con el mal gobierno (o la mala oposición), que no se ven penalizados, en contra de toda lógica. Si lo hacen mal y fracasan en las elecciones, líderes mediocres, corruptos o mezquinos que nadie en su sano juicio elegiría de contar con un sistema íntegro y competitivo sólo han de esperar pacientemente a otras elecciones (o a dos más, como Rajoy o Sánchez) para que el hartazgo o la corrupción insoportable los catapulten al poder. El sistema actual premia al pelota, al marrullero, al incapaz, a aquel que se aferra al cargo con uñas y dientes esperando que los fallos del rival, mucho más que los méritos propios, le hagan presidente. En otros países con sistemas parlamentarios más avanzados, los candidatos que obtienen malos resultados electorales dimiten en el acto[23]. Aquí esperan tranquilamente

---

de: https://www.publico.es/politica/rtve-psoe-renovara-constitucional-cgpj-rtve-otros-partidos.html

Pérez, S. (06 de agosto, 2019). Ciudadanos justifica sus pactos con el PP: "Una cosa es permitir la investidura y otra ser cómplice de las tramas de corrupción". *El Diario*. Recuperado de: https://www.eldiario.es/madrid/Ciudadanos-justifica-PP-investidura-corrupcion_0_928457304.html

[23] R.Unido: dimite Nick Clegg como líder del Partido Liberal Demócrata. (08 de mayo, 2015). *Euronews*. Recuperado de: https://es.euronews.com/2015/05/08/runido-dimite-nick-clegg-como-lider-del-partido-liberal-democrata

Corbyn abre la puerta a la dimisión y anuncia que no volverá a

siete u ocho años a que llegue su momento. Una excepción honrosa la constituye Albert Rivera, el ex Presidente de Ciudadanos, quien, asumiendo su responsabilidad en la debacle electoral de su partido, dimitió al día siguiente de las elecciones generales de noviembre de 2019. Pero tal actitud es una gota en un océano.

Por último, el proceso de transición entre una dictadura unipersonal absolutista hasta un régimen pluripartidista no ha sido fácil, ni exento de presiones. La ideología sectaria del franquismo no desapareció con la muerte del dictador, y pervivió muchos años después de éste, especialmente entre sus clases privilegiadas: la iglesia, la aristocracia y la más peligrosa de ellas: el ejército.

El ejército había experimentado desde tiempos de la guerra civil una purga física e ideológica y un adoctrinamiento totales en sus filas[24]. En 1977, junto con elementos monárquicos moderados que apostaban por una transición a un régimen

---

ser candidato laborista. (13 de diciembre, 2019). *El Confidencial*. Recuperado de:
https://www.elconfidencial.com/mundo/europa/2019-12-13/corbyn-abre-puerta-dimision-no-volvera-candidato-laborista_2375640/
[24] Paul Preston: *Franco, Caudillo de España*

parlamentario, coexistían numerosos altos mandos con una concepción fanática del Estado y de España. Tras la muerte de Franco, hubo no menos de tres intentos de restaurar una dictadura militar por parte de elementos castrenses, el más reciente en 1985[25]. Es decir, toda la Transición ha sido vigilada muy de cerca por elementos del régimen anterior, y ha recibido fuertes presiones para mantener el poder concentrado en unas élites, ahora ampliadas a los partidos, que lo habían ostentado de forma indisputada durante casi 40 años. Podríamos afirmar que lo que hubo en la Transición fue una redistribución del poder entre unas élites más numerosas, en las que los privilegiados de la dictadura cedieron poder e influencia, sin llegar a perderlo, para compartirlo con una nueva élite política que se erigiría progresivamente como la clase dominante y la triunfadora indiscutible de la Transición.

---

[25] 'Los otros 23F: la Transición que no te han contado' repasa las intentonas golpistas para frenar la democracia. (16 de noviembre, 2018). *LaSexta.com*. Recuperado de: https://www.lasexta.com/programas/sexta-columna/avances/los-otros-23f-la-transicion-que-no-te-han-contado-este-viernes-en-lasexta-columna_201811125be9fc680cf25d939fb5858e.html

Es probable que las inmensas prerrogativas que la Constitución de 1978 otorga a diputados y senadores sean una forma de "sobrecompensación" derivada de su proscripción absoluta durante la dictadura. Tales prebendas los convierten, de hecho, en "déspotas parlamentarios"[26] dotados de una autonomía total y apenas sujetos a un tibio control judicial, limitado, entre otros, por los privilegios del aforamiento y del indulto, y ciudadano, con un control más aparente que real sobre la élite política mediante elecciones.

Sin embargo, con la Transición al sistema parlamentario, los poderes de decisión, influencia y actuación de la ciudadanía en la práctica apenas se vieron modificados.

Sirva este breve repaso histórico para contextualizar la inexperiencia y dificultades para un desarrollo de un sistema parlamentario moderno plenamente funcional en España, lo cual puede ayudar a explicar algunas de sus carencias y disfunciones actuales.

---

[26] Véanse, en concreto, los artículos 66.3, 67.2, 67.3, 71 y 72 de la CE.

Lo que tenemos: ¿democracia, democracia representativa, oligocracia u otra cosa?

Los políticos y los medios de comunicación insisten en denominar "democracia" al sistema existente, mediante el cual los ciudadanos delegamos por completo nuestra responsabilidad, decisión e intereses personales en unos supuestos representantes una vez cada cuatro años. A eso se restringe nuestra participación en los asuntos que nos afectan.

"Democracia", como todo el mundo sabe, deriva del griego "demos", pueblo, y "cracia", gobierno; es decir, "gobierno del pueblo". El sistema existente podría llamarse así si existiese una representación efectiva entre el pueblo delegador de funciones y sus representantes. Es decir, ya que ningún partido defiende, por definición, el interés general, sino el interés particular de su electorado, el sistema podría asemejarse a una democracia si una multitud de partidos con representación en las instituciones al menos funcionasen como grupos de presión de sus electorados. Pero esto no ocurre por varios motivos:

1) Cada individuo tiene una forma peculiar y personalísima de ver el Mundo.

La religión, el peso del Estado, los distintos modelos familiares, los deportes de masas, la gestación subrogada, la tauromaquia, el feminismo, la eutanasia, la caza, el veganismo…Podríamos decir sin miedo a equivocarnos que no hay dos personas que perciban la realidad exactamente de la misma manera. Por lo tanto, ¿cómo pueden un puñado de partidos representar todas las formas de ver el Mundo, todos los intereses de cada ciudadano? A lo sumo, lo que ese puñado de partidos podrá representar son unas visiones genéricas de los temas más polémicos que puedan englobar el mayor número posible de partidarios.

Por ello, el electorado de los partidos mayoritarios es bastante generalista, lo cual hace muy complicado encontrar un elector específico al que representar. Por citar sólo un ejemplo de un partido cuyo electorado se ha considerado históricamente de lo más homogéneo: el PP. El PP, como partido democristiano, aglutinaba hasta hace muy poco la mayor parte del voto conservador y católico, pero también una masa muy importante de electores liberales, al menos en lo económico, de votantes de extrema derecha, del voto corporativo-empresarial, y de trabajadores desencantados con las promesas incumplidas de opciones de "izquierda". Nada más y nada menos.

No conozco a nadie a quien los estatutos o el programa de un partido político concreto le convenzan al cien por cien. No es de extrañar. Para que nos convenciese en todas y cada una de las docenas de temas en los que cada persona tomamos posición a diario, habríamos de tener, si no cuarenta y seis millones de partidos, al menos sí varios miles. Y, de ser este el caso, sobra decir que la gobernabilidad se haría imposible por el choque de intereses partidistas.

El caso extremo de la "desrepresentación" ciudadana y concentración de poder en un sistema parlamentario lo representa el bipartidismo. El bipartidismo es la reducción extrema de la representación social, la radical homogeneización de las cosmovisiones. Se es de derechas o de izquierdas, conservador o progresista, democristiano o socialdemócrata, como prefiramos llamarlo. No hay más. Si a uno le gustan las tradiciones ha de considerarse conservador. Si predica la tolerancia, ha de ser liberal. El simplismo es palmario. Peor aún si uno se autodefine como "conservador" o "progresista". Entonces, el paquete ya viene hecho. Si eres conservador, eres un patriota devoto que ama las tradiciones, la economía capitalista y el individualismo, y recela del Estado. Si te consideras progresista, serás amante de la igualdad, tolerante con el diferente, inquieto intelectualmente, protector del Estado y ecologista. Ahí es nada. Con esos cuatro o cinco rasgos genéricos hemos definido los pensamientos e intereses de cuarenta y seis millones de personas.

Por ello, los principales partidos nacionales, conservadores o progresistas, hacen gala de una ideología ligera, diluida y flexible, que pueda adaptarse lo más posible al conjunto del espectro ideológico para arañar más parcela de poder. Si los vientos soplan más progresistas, los partidos conservadores amantes de la familia tradicional no tendrán problema alguno en abrazar el feminismo, la homosexualidad y todas las formas de organización familiar que, en privado, la mayoría denostarán como aberrantes. Si soplan vientos más conservadores, los partidos progresistas no se despeinarán para poner los intereses sociales al servicio de los financieros en aras de una supuesta salvación nacional.

2) Resulta obvio que los partidos no "se matan" para defender siquiera los intereses de su electorado, sino que usan todo su poder e influencia para mejorar la situación de sus dirigentes, organizaciones y "masas circundantes" de familiares, amigos o socios con quienes intercambian favores y prebendas, legales e ilegales, a menudo en contra del interés del conjunto de la sociedad[27].

Un ejemplo evidente del corporativismo de los partidos y de lo cercanos que están sus intereses, pese a sus supuestas discrepancias irreconciliables y al circo mediático a que nos tienen acostumbrados, es lo rápido que acuerdan mantener o incrementar sus privilegios a costa del ciudadano, como el reciente acuerdo *unánime* de todos los concejales del Ayuntamiento de Málaga para subirse el suelo nada menos que ¡un 20%!, que ha sido la primera medida en adoptar el nuevo ayuntamiento surgido de las elecciones locales de mayo de 2019; eso sí, después

---

[27] Caballero, F. (18 de julio, 2019). El Tribunal de Cuentas que ha absuelto a Botella: un organismo controlado por el PP y marcado por el enchufismo. *El Diario*. Recuperado de: https://www.eldiario.es/madrid/sentencia-Tribunal-Cuentas-Ana-Botella_0_921808189.html

de las elecciones. Hemos de recordar que los sueldos de la mayoría de los concejales ya superaban los 45.000€ anuales antes de la subida, frente a un salario neto medio de menos de 16.000€ para el conjunto de la provincia[28]. Hay numerosos ejemplos del mismo tipo de medidas depredadoras y engañosas en nuestra historia reciente, por parte de todos los partidos[29].

Es depredadora por lo abusivo y desvergonzado de la subida, nunca vista en tiempos recientes entre ningún otro colectivo de trabajadores, a quienes se les regatean subidas (con salarios de partida mucho más bajos) del 1,5%, y sólo comparable a las extraordinarias subidas de sueldo de ejecutivos de las grandes corporaciones del IBEX35.

Es engañosa porque se hace a espaldas de los ciudadanos, tras las elecciones, cuando la reacción indignada de éstos se neutraliza por haber consumido

---

[28] Sánchez, N. (25 de junio, 2019). Alcalde y concejales del Ayuntamiento de Málaga se suben el sueldo un 20%. *El País*. Recuperado de:
https://elpais.com/politica/2019/06/25/actualidad/1561480759_570147.html

[29] Cayota, D. (17 de julio, 2019). El 28% de los alcaldes de grandes ciudades se sube el sueldo en su primer mes de mandato. *El Confidencial*. Recuperado de:
https://www.elconfidencial.com/espana/2019-07-17/salario-alcaldes-aumento-cuatro-diez_2126543/

ya la única opción de reclamación que tienen cada cuatro años en esta "democracia representativa", que sería la de retirarles su voto. ¿A quién se lo darían, si la decisión de subirse el sueldo fue unánime? Ahora, ya sólo queda aguantarse y esperar otros cuatro años, durante los cuales los ciudadanos ya se habrán olvidado del atraco y del engaño con los que comenzó la legislatura.

3) Los mecanismos de participación directa de la ciudadanía en los asuntos públicos que les afectan están extraordinariamente restringidos por las normas vigentes.

Pese a que la Constitución española establece el derecho de los ciudadanos a participar en los asuntos públicos, *directamente o por medio de representantes* (Art.23.1 CE), en la práctica la participación ciudadana directa en los asuntos públicos se reduce a dos mecanismos: el referendo y la iniciativa legislativa popular (ILP), ambos muy restringidos temática y cuantitativamente.

Los casos de aplicación de referendos están limitados a: la iniciativa autonómica (Art. 151.1 CE), la aprobación de los estatutos de autonomía (Art.151.2 CE), la reforma estatutaria (Art.152.2 CE), la unificación autonómica del País Vasco y Navarra

(Disposición Transitoria Cuarta CE), la reforma parcial de la Constitución (facultativa, a petición de una décima parte de los miembros de Congreso o Senado; Art. 167.3), de revisión total de la Constitución o modificación del Título Preliminar, Capítulo II, Sección 1º del Título I, o Título II (Art. 168.3 CE), y las decisiones políticas de especial trascendencia, que *podrán* ser sometidas a referendo (Art. 92 CE).

Es decir, los referendos se aplican casi en exclusiva a las reformas de los estatutos de autonomía y de la Constitución, y en este caso, ni siquiera por defecto en todos los casos. El resto de consultas a la ciudadanía sobre *temas de especial trascendencia* quedan al arbitrio del Presidente del Gobierno, quien debe proponerlo al Rey para su convocatoria, previo acuerdo del Congreso. Para pocos temas de especial trascendencia han decidido nuestros políticos consultar a la ciudadanía, puesto que sólo se han convocado dos referendos de este tipo en los 42 años de vigencia de la Constitución: sobre la permanencia de España en la OTAN, y sobre la Constitución Europea[30], éste además obligado por las normas

---

30 González, A. (noviembre, 2011). Constitución Española. Sinopsis Artículo 92. *Congreso.es*. Recuperado de:

comunitarias. De media, uno cada 21 años. Habrá mucha gente que haya fallecido sin que sus representantes les hayan pedido nunca opinión sobre los asuntos que les afectan.

Por su parte, las condiciones de tramitación de una ILP son tan exigentes y los temas abordables a través de una ILP, tan escasos y poco relevantes[31], que desincentivan enormemente la participación ciudadana. Aún cuando los promotores dediquen considerable esfuerzo a recoger las firmas necesarias, realizar los trámites para su debate en el Congreso y defenderla adecuadamente, nada les garantiza que sea aprobada, ya que requiere, como cualquier otra norma, de mayoría en la Cámara de "representantes". Es decir, los partidos en el Congreso deben darle el visto bueno, lo cual no ocurre a menudo. De hecho, en los últimos 30 años de régimen parlamentario entre 1982 y 2012, sólo se han presentado 66 ILP, de las cuales apenas 12 superaron la barrera de las

---

http://www.congreso.es/consti/constitucion/indice/sinopsis/sinopsis.jsp?art=92&tipo=2

[31] Artículo 87.3 de la Constitución Española: "Una ley orgánica regulará las formas de ejercicio y requisitos de la iniciativa popular para la presentación de proposiciones de ley. En todo caso se exigirán no menos de 500.000 firmas acreditadas. No procederá dicha iniciativa en materias propias de ley orgánica, tributarias o de carácter internacional, ni en lo relativo a la prerrogativa de gracia".

500.000 firmas y, tras debatirlas, sus "señorías" sólo han aprobado una[32]. Tales cifras inhabilitan en la práctica los referendos y las ILP como mecanismos de participación ciudadana. La huella ciudadana en la política española es prácticamente inexistente.

Está prevista en la Constitución una institución para garantizar los derechos ciudadanos establecidos en ella supervisando la actividad de las administraciones y del gobierno: el Defensor del Pueblo[33]. No obstante, ¡oh sorpresa!, dicha institución ha sido secuestrada por los partidos, que han colocado históricamente a su frente a figuras afines pertenecientes a los dos partidos mayoritarios: PSOE y PP[34].

En resumen, las tres únicas opciones de participación ciudadana más o menos directa en la vida pública establecidas en la legislación han sido bloqueadas en la práctica por los políticos. Parece que

---

[32] La Iniciativa Legislativa Popular en España. (01 de noviembre de 2019). *Wikipedia*. Recuperado de: https://es.wikipedia.org/wiki/Iniciativa_legislativa_popular_en_Espa %C3%B1a

[33] Artículo 54 de la CE.

[34] Defensor del Pueblo (España). (07 de agosto, 2019). *Wikipedia*. Recuperado de: https://es.wikipedia.org/wiki/Defensor_del_Pueblo_(Espa%C3%B1a) #Defensores_del_Pueblo

nuestros representantes constituyentes ya tuvieran considerable desconfianza, o temor, por ser menos comedido, a la participación directa de los ciudadanos en el gobierno de los asuntos públicos. Ello podría explicarse, en buena parte, por las condiciones coactivas en las que se redactó la Constitución de 1978, con la vigilancia constante de los poderes del régimen dictatorial agonizante, especialmente del ejército, puesta en lo que allí se escribía. Los generales no habían dado un golpe de estado, conducido una sangrienta guerra civil y gobernado con mano de hierro durante 40 años para entregar el poder en manos del pueblo, en el que abundaban sus enemigos socialistas, comunistas, liberales y masones. Es comprensible que cambios más ampliamente democráticos hubieran conducido a una mayor inestabilidad sociopolítica durante la transición y la habrían puesto en riesgo. Sin embargo, esa "supervisión democrática" de los poderes fácticos era justificable en la España de 1978, no en la de 2019. Poco tiene que ver, afortunadamente, la España actual con aquella España cuartelaria, de calabozos y caciques, pero la participación ciudadana en los asuntos públicos sigue casi igual de restringida que entonces.

Por todas estas razones, descarto que se pueda denominar al sistema existente "democracia representativa", y mucho menos "democracia".

Queda claro que, si la mayoría estamos excluidos de la acción gubernamental, una minoría maneja los resortes del poder. Estamos hablando de una "oligocracia". Una oligocracia no es negativa por sí misma. En ella, el gobierno puede estar formado por técnicos competentes desideologizados; es decir, una "tecnocracia", pero está claro que no tenemos eso. También puede estar formado por dirigentes corruptos y ladrones, aunque, a pesar de los abundantes casos de corrupción política, no creo exacto definir nuestra oligocracia como una "cleptocracia", ya que la mayoría de los políticos, si no éticamente irreprochables, sí cumplen las normas. ¿De qué tipo es la oligocracia española?

Si hablamos de qué organizaciones ostentan el poder de forma efectiva y visible, no cabe duda que vivimos en una *partitocracia*; es decir, un gobierno de algunos partidos políticos, considerados como grupos de interés corporativos. En esta forma de gobierno, los partidos orientan su actividad principalmente para el beneficio de sus organizaciones, dirigentes y camarillas en forma de facilidades administrativas, favores y prebendas, a menudo a costa del erario público y de la eficiencia de los bienes o servicios proporcionados por los organismos públicos[35].

En el régimen del 78, los partidos gozan de un poder casi absoluto, monopolizando los tres poderes del Estado: un partido ocupa el poder ejecutivo (PSOE o PP); pocos partidos ocupan el poder legislativo; y entre un puñado de partidos (generalmente, PP y PSOE, a veces con alguna concesión a algún partido nacionalista), copan con sus candidatos "conservadores" (PP) o "progresistas" (PSOE) las más altas instancias del poder judicial: el CGPJ, el Tribunal Constitucional, el Tribunal Supremo y el Tribunal de Cuentas, privándolos de su imprescindible independencia y blindando, de hecho, a las jerarquías partidistas contra el uso de la justicia[36].

---

[35] Antequera, J. (07 de julio, 2019). Los sobrecostes de obra pública en España dejan un agujero de 48.000 millones de euros. *Diario 16*. Recuperado de: https://diario16.com/los-sobrecostes-de-obra-publica-en-espana-dejan-un-agujero-de-48-000-millones-de-euros/

[36] Cortizo, G. (31 de julio, 2019). El CIS constata la desconfianza de los ciudadanos en la Justicia. *El Diario*. Recuperado de: https://www.eldiario.es/politica/CIS-constata-desconfianza-ciudadanos-Justicia_0_926357508.html

Un Estado, para funcionar, necesita una justicia independiente que persiga el delito allí donde se cometa y por quien lo cometa. Una justicia politizada, como la española, constituye un refugio de delincuentes de las altas esferas, a quienes los jueces deben sus nombramientos y/o que pueden ver amenazada su carrera por interferencias políticas[37].

Por si la intromisión de los partidos en todos los poderes del Estado, incluso en el único que les debería ser totalmente ajeno, no fuese ya desmesurado, el gobierno conserva una prerrogativa de las monarquías absolutas para revertir las sentencias judiciales, en la rara ocasión en que les sean adversas: el indulto, regulado aún hoy por una ley ¡¡de 1870!!

Es decir, si el gobierno no está de acuerdo con una decisión judicial, la anulan mediante indulto y a correr. Es lo que hizo, por ejemplo, el gobierno del PSOE, ya en funciones tras las elecciones de 2011,

---

[37] "Este, a tomar por culo": así deja entrever Ignacio González al hablar con Zaplana que quitar y poner jueces es habitual. *LaSexta.com*. Recuperado de:

https://www.lasexta.com/noticias/nacional/este-a-tomar-por-culo-ignacio-gonzalez-deja-entrever-al-hablar-con-zaplana-que-quitar-y-poner-jueces-es-habitual_2017042558ff4e120cf2ea95b02f4778.html con un gran banquero que había sido condenado[38] y con cuyo banco el PSOE tiene una deuda destacable[39].

No es sorprendente, pues, que casi un cuarto de los indultos concedidos por el Gobierno en 2017 lo fuesen a delitos de corrupción, a otros políticos y empresarios[40]. Otra evidencia de que la mala praxis política apenas se castiga. Tal intromisión del ejecutivo en el poder judicial resulta escandaloso en cualquier país civilizado en pleno siglo XXI, pero ningún partido en el gobierno ha renunciado a su uso, ni propuesto su supresión. Es una máquina infalible de hacer o devolver favores de altura.

Mientras han habido mayorías simples, la partitocracia bipartidista ha tenido que hacer componendas para repartirse el poder entre ellos, al modo del turnismo del siglo XIX, y con los pequeños

---

[38] Segovia, C. (25 de noviembre, 2011). El Gobierno indulta a Alfredo Sáenz. *El Mundo*. Recuperado de:
https://www.elmundo.es/elmundo/2011/11/25/economia/1322222115.html

[39] Sánchez, R. (25 de agosto, 2019). Más de la mitad de la deuda de los partidos políticos con la banca está en manos de CaixaBank y Banco Santander. *El Diario*. Recuperado de:
https://www.eldiario.es/economia/partidos-politicos-Caixa-Banco-Santander_0_928457452.html

[40] Talegón, B. (24 de setiembre, 2018). A fondo: Los indultos en España. *Diario 16*. Recuperado de: https://diario16.com/fondo-los-indultos-espana/

partidos nacionalistas periféricos. Sin embargo, cuando uno de los partidos mayoritarios ha obtenido la mayoría absoluta, su control omnipresente de todas las instituciones del Estado y su modo impúdico de ostentar el poder han recordado a menudo a los gobiernos totalitarios de partido único de ciertos regímenes dictatoriales, gobernando descaradamente para sus intereses partidistas e ignorando tanto a la oposición política como a la opinión pública: el conocido "rodillo parlamentario"[41].

Un ejemplo evidente lo tuvimos con el empeño del segundo gobierno de José María Aznar de incluir a España en la coalición que invadiría Iraq, pese a la oposición frontal de dos tercios de los ciudadanos españoles, incluidos casi dos de cada tres votantes del PP[42]. Pero tenía mayoría absoluta. De nada sirvió la reclamación de sus "representados".

No contentos con su colonización de todos los poderes del Estado y formas de participación

---

[41] Fabra, M. (25 de junio, 2012). Ante el rodillo parlamentario, la oposición recurre a la vía judicial. *El País*. Recuperado de: https://elpais.com/politica/2012/06/07/actualidad/1339055335_254506.html

[42] Los españoles rechazan el ataque a Irak. (02 de febrero, 2003). *El País*. Recuperado de: https://elpais.com/diario/2003/02/02/espana/1044140401_850215.html

ciudadana en la vida pública, los partidos han ido extendiendo sus tentáculos hasta apoderarse de todos los entes estatales, a veces creados o mantenidos con el único propósito de acoger a colegas de partido con poca iniciativa para ganarse la vida por sí mismos, caídos en desgracia[43] o condenados por la justicia[44], con escasas funciones pero sueldos suculentos. Es lo que ocurre, por ejemplo, en numerosos "observatorios", las televisiones públicas, el Senado, el Banco de España, el Consejo de Estado y sus equivalentes autonómicos, o en la quintaesencia del parasitismo nepotista: el Tribunal de Cuentas[45].

---

[43] Merino, J.C. (07 de julio, 2015). PP y PSOE se echan en cara que utilicen el Senado como cementerio de elefantes. *La Vanguardia*. Recuperado de:

https://www.lavanguardia.com/politica/20150707/54433270527/pp-psoe-echan-cara-utilicen-senado-cementerio-elefantes.html

Rojo, A. (20 de noviembre, 2019). El empadronamiento "fake"de Maroto. *La Razón*. Recuperado de:

https://www.larazon.es/espana/el-empadronamiento-fake-de-maroto-FB24347525

[44] Olmo, J.M. (16 de setiembre, 2019). El Gobierno recoloca en la dirección de Renfe a un condenado del PSOE por las 'black'. *El Confidencial*. Recuperado de:

https://www.elconfidencial.com/espana/2019-09-16/el-gobierno-recoloca-en-la-direccion-de-renfe-a-un-condenado-del-psoe-por-las-black_2228331/

[45] Hernández, J.A. (23 de junio, 2014). Los lazos de parentesco en el Tribunal de Cuentas alcanzan a 100 empleados. *El País*. Recuperado de:

Son notorios el esfuerzo y la creatividad de los políticos a la hora de crear una pléyade de organismos inútiles o redundantes surgidos de la necesidad de los gobiernos a todas las escalas (nacional, autonómica, provincial y municipal) de colocar a "los suyos": institutos autonómicos de meteorología (como si las predicciones hechas desde Galicia fueran a diferir de las hechas desde Madrid), estadística, representación exterior, Diputaciones Provinciales, etc., a costa del contribuyente, que ve constantemente limitadas sus demandas de mejores servicios públicos y ayudas por falta de recursos[46].

Hay honrosas excepciones de políticos que regresan a sus vidas profesionales previas tras el ejercicio público sin abusar de los bienes comunes[47].

---

https://elpais.com/politica/2014/06/23/actualidad/1403548994_107851.html

[46] Jiménez, P. (30 de setiembre, 2010). El Observatorio de Estudios para el Empleo Público, un organismo redundante. *Expansión*. Recuperado de:
https://www.expansion.com/2010/09/28/funcion-publica/1285670431.html

[47] Manuel Pimentel. (12 de diciembre, 2019). *Wikipedia*. Recuperado de:
https://es.wikipedia.org/wiki/Manuel_Pimentel#Grupo_Almuzara_y_Arqueoman%C3%ADa

Antoñanzas, R. (26 de junio, 2014). Rubalcaba deja la política y regresa a la Universidad. *La Opinión de Zamora*. Recuperado de:
https://www.laopiniondezamora.es/nacional/2014/06/26/alfredo-

Pero son muchos, lamentablemente, los casos de ex políticos de uno u otro signo que, derrotados en las elecciones o caídos en desgracia, tratan de seguir viviendo parasitariamente de las estructuras hiperdimensionadas del Estado y a los que hay que buscar acomodo: Senado, Consejo de Estado, Consejos Consultivos Autonómicos, Cámaras de Cuentas, empresas públicas…todo un conglomerado de organizaciones con escaso protagonismo en la vida de los ciudadanos para que "los nuestros" puedan seguir viviendo de los recursos de todos hasta que cambie la marea y puedan volver a ser enchufados en puestos todavía mejor remunerados si es posible.

Es asimismo notable la generación de cargos de confianza sin apenas ninguna responsabilidad práctica, que repercute en la hipertrofia de las administraciones y en un gasto excesivo que, ¡sí, aquí también!, corre a cargo del contribuyente. El abuso de la contratación laboral arbitraria legalmente consentida bajo la *contratación directa*[48] de asesores

---

perez-rubalcaba-deja-escano/770656.html

[48] Font, M.A. (15 de setiembre, 2019). Un Govern en 'números rojos' dispara el número de asesores y altos cargos. *El Mundo*. Recuperado de:
https://www.elmundo.es/baleares/2019/09/15/5d7e024e21efa0ea4 18b4667.html

externos a la administración, y de la figura de *libre designación*[49] para funcionarios afines que se ven promocionados por su lealtad partidista, conlleva abundantes casos de enchufismo de personas poco idóneas para los puestos vacantes, en los casos en los que esos puestos necesiten de veras ser cubiertos y no sean meros puestos decorativos, como ocurre con frecuencia[50]. Un ejemplo palmario de esta mala práctica lo da la tristemente célebre alcaldesa de Móstoles, Noelia Posse, que en pocos meses al frente del ayuntamiento desde abril de 2019 ha promocionado o encontrado acomodo en el ayuntamiento a numerosos familiares, amigos de la infancia, ex parejas y socios, en un ejercicio de desvergüenza espeluznante[51]. Pero no por obsceno es un caso exclusivo del municipio madrileño. Ni mucho menos. Es la norma en administraciones de todos los

---

[49] BOJA nº 168 de 02/09/2019. Recuperado de: https://www.juntadeandalucia.es/boja/2019/168/s2.2

[50] González, Y. (27 de marzo, 2013). Carromero cobrará 50.000 euros por asesorar al PP en el Ayuntamiento. *infoLibre*. Recuperado de:https://www.infolibre.es/noticias/politica/2013/03/27/carromero _sera_asesor_del_ayuntamiento_madrid_1701_1012.html

[51] Séptimo nombramiento a dedo de la alcaldesa de Móstoles: enchufa a la persona que falseó la experiencia de otro alto cargo municipal. (04 de octubre, 2019). *El Mundo*. Recuperado de: https://www.elmundo.es/madrid/2019/10/03/5d95eed3fc6c832938 8b45f2.html

colores, como cualquiera puede comprobar echando un ojo a los boletines oficiales de sus administraciones respectivas a cualquier escala de gobierno. Los periodos vacacionales y los inmediatamente posteriores a las elecciones son especialmente prolíficos en la provisión de puestos de trabajo discrecionales en la administración bajo los sistemas corruptos e ineficientes de la contratación directa y la libre designación, que burlan, en el primer caso y posiblemente en el segundo, el requisito constitucional de elección de servidores públicos mediante los principios de igualdad, mérito y capacidad[52].

Como consecuencia, España presenta una de las administraciones públicas más politizadas entre los países desarrollados[53]. Los altos funcionarios, desde el modesto rango de subdirector general, son "laminados" periódicamente con cada vuelco electoral. Los caídos en desgracia vuelven a sus puestos anteriores y los afines al partido vencedor son promocionados a los altos mandos de la

---

[52] Artículos 23 y 103 de la CE.

[53] Bolea, I. (08 de agosto, 2018). España, el país donde más cargos cambian al llegar un nuevo Gobierno. *Expansión*. Recuperado de:https://www.expansion.com/economia/politica/2018/08/08/5b69f679268e3e184e8b45e8.html

administración, independientemente de la valía de unos y otros. Un ejemplo ilustrativo sería la destitución de Pere Navarro como Director General de Tráfico (con el PSOE) en 2012 por el recientemente electo gobierno de Mariano Rajoy, pese a haber demostrado sobrada eficacia al reducir a mínimos históricos los accidentes en carretera[54].

No creo que una persona deba ser descalificada automáticamente para ejercer un cargo público por ser familiar, amigo o socio de un político. Sería discriminatorio y contraproducente, pues podrían ser personas de gran valía. Pero esa persona, que puede ser idónea para el cargo, debe someterse a un proceso escrupuloso de evaluación de sus méritos y capacidades en igualdad de condiciones con otros aspirantes "desvinculados" de los partidos, idealmente en un proceso de selección anónimo. Sólo así se puede asegurar que se escogen las personas más aptas para ocupar cargos en la administración, y no sólo las más serviles o con mejores relaciones con

---

[54] Noceda, M.A. (06 de julio, 2018). Las aseguradoras aplauden la vuelta de Pere Navarro. *El País*. Recuperado de: https://elpais.com/economia/2018/07/06/actualidad/1530892410_777905.html

quienes tienen capacidad de influir en los nombramientos.

Como tras los vuelcos electorales hay que colocar a muchos afines, los partidos también han copado los puestos directivos, con sueldos astronómicos, de las empresas aún controladas por el Estado a través de la SEPI[55]. La rapacidad de nuestros políticos no tiene límite y trata de extender sus redes clientelares y colocar a sus adeptos en ámbitos insospechados que deberían ser del completo dominio de los técnicos, como las residencias de ancianos, oficinas de empleo, la I+D+i o los centros de día[56].

Quizá la usurpación partidista más sangrante, por las repercusiones que ha tenido para todos los ciudadanos, ha sido la de los consejos de administración de las antiguas cajas de ahorros, donde los gestores de banca profesionales fueron

---

[55] Gobierno niega enchufes o corrupción en nombramientos para empresas públicas (30 de agosto, 2018). *EFE*. Recuperado de: https://www.efe.com/efe/espana/economia/gobierno-niega-enchufes-o-corrupcion-en-nombramientos-para-empresas-publicas/10003-3734059

[56] Reinero, D. (02 de agosto, 2019). La Xunta quiso nombrar a dedo directores de oficinas de empleo equiparándolas a centros de acogida. *El Diario*. Recuperado de: https://www.eldiario.es/galicia/politica/Xunta-nombrar-directores-oficinas-equiparandolas_0_926007596.html

progresivamente reemplazados por políticos y sindicalistas puestos a dedo, con las consecuencias que hemos sufrido desde 2008[57].

En esta forma de gobierno donde el interés general se difumina hasta quedar confundido con el interés del político o empresario de turno, los partidos con más experiencia en el poder, PSOE y PP, han dado sobradas muestras de corrupción, tráfico de influencias, malversación de caudales públicos, apropiación indebida y una larga serie de delitos económicos que han afectado también a las más altas esferas del Estado: la Casa Real, conformando redes clientelares con cientos de miembros, como en el caso de los ERE andaluces o la trama Púnica, sólo por citar dos de los ejemplos recientes más sonados entre los miles de casos enjuiciados desde 1978[58].

Está claro, a tenor de los cotidianos casos de corrupción y la frecuente mala gestión de las finanzas

---

[57] Segovia, C. (10 de enero, 2017). El Tribunal de Cuentas cifra 'el coste' del rescate bancario en 60.718 millones. *El Mundo*. Recuperado de:
https://www.elmundo.es/economia/2017/01/10/5874cecae5fdeaa9708b4573.html

[58] Pérez, J. (25 de mayo, 2018). Cuáles son los casos de corrupción más graves de España. *El País*. Recuperado de:
https://elpais.com/politica/2017/06/09/actualidad/1497023728_835377.html

y los servicios públicos, que los partidos funcionan como estructuras extractivas para el empoderamiento y enriquecimiento de sus miembros. Pero, y aquí es donde entra una variable fundamental en todo el análisis, pues nos permitiría distinguir al verdadero enemigo a batir, ¿hay alguien detrás de los partidos favoreciendo la malversación de recursos públicos y la promulgación de normas lesivas socialmente, dificultando el avance social e impidiendo que lleguemos a ser la mejor España posible? Es decir, ¿son los partidos el único obstáculo institucional para el progreso social o son los intermediarios de poderes ocultos que gobiernan en la sombra, que ponen y quitan gobiernos sin presentarse a elecciones?

Sin tener pruebas irrefutables a favor de esta hipótesis, hay indicios preocupantes de que algunos pueden estar gobernando el país (así como otras partitocracias) entre bastidores. Por ejemplo, la escandalosa connivencia del poder político y económico representada por el indulto otorgado al banquero Alfredo Sáenz por el gobierno saliente en funciones del progresista Zapatero. Otro ejemplo es el pucherazo en las elecciones de la Comunidad de Madrid en 2003 donde, tras la defección turbia de dos diputados socialistas durante el debate de investidura del candidato socialista y la consiguiente repetición electoral, el gobernante PP fue reelegido y se lanzó a una política de recalificación masiva de suelo para construcción y privatización de servicios públicos. No hubo responsables ante la justicia. Un tercer ejemplo es la aversión extrema de los partidos del régimen y de sus medios de comunicación a que un partido ciudadano hasta ahora independiente de los poderes económicos como Podemos entre a formar parte del gobierno de España. Ya han fracasado dos investiduras por la hostilidad de otro partido autodenominado progresista, el PSOE, a compartir los resortes del poder. El propio Pedro Sánchez ha reconocido importantes presiones del mundo financiero para evitar que partidos "incontrolados" lleguen al poder[59], aunque sea compartido con partidos ya "domesticados". Un último ejemplo es la tremenda presión y campaña difamatoria contra UPyD que, recordemos, fue durante su breve

---

[59] Pedro Sánchez afirma en Salvados que recibió presiones de los poderes económicos y mediáticos para no intentar formar un gobierno alternativo a Rajoy. *LaSexta.com*. Recuperado de: https://www.lasexta.com/programas/salvados/noticias/pedro-sanchez-afirma-en-salvados-que-recibio-presiones-de-los-poderes-economicos-y-mediaticos-para-no-intentar-formar-un-gobierno-alternativo-a-rajoy_201610305815f4a80cf24962cc0dbc13.html

existencia un partido coherente y conductualmente ejemplar que destacó por la defensa del interés general ejerciendo la acusación particular contra políticos y dirigentes de varias entidades financieras por numerosos escándalos de corrupción[60]. Tal presión consiguió, ayudada por la torpeza de algunos de sus dirigentes, hacer desaparecer a un partido incómodo para el sistema, que se salía de las normas establecidas, del "hoy por ti, mañana por mí" imperante entre los partidos del régimen. Si estos sujetos logran hundir partidos que los incomodan y boicotear, mediante presiones, chantaje, amenazas o recompensas, el desarrollo normal de los procesos parlamentarios, el funcionamiento de la justicia o el acceso de ciudadanos corrientes a las instituciones están, de hecho, gobernando en la sombra. No sorprende luego que cuando siguen el camino trazado, estos poderes ocultos premien a sus fieles guardaespaldas políticos con puestos suculentos[61].

---

[60] UPyD abandona nueve procedimientos sobre corrupción por falta de fondos. (23 de abril, 2015). *ABC*. Recuperado de: https://www.abc.es/espana/20150423/abci-upyd-casos-dinero-201504222050.html

[61] Vélez, A.M. (01 de mayo, 2015). La puerta giratoria en sueldos: 21,4 millones para los 43 expolíticos del Ibex en 2014. *El Diario*. Recuperado de: https://www.eldiario.es/economia/expoliticos-consejeros-Ibex-repartieron-millones_0_382862358.html

Me queda la duda de si la partitocracia dominante podría definirse adicionalmente como una "partito-corporatocracia"; es decir, el gobierno conjunto de los partidos y de las grandes empresas, por sus estrechos lazos con el poder político que acabamos pagando los ciudadanos[62]. Son conocidos los abundantes casos de ex altos cargos, incluidos ex ministros y ex presidentes del gobierno, que son fichados al poco de terminar sus labores en el gobierno por grandes empresas[63]. También es conocida la dependencia financiera y la enorme deuda con la banca de los dos

---

[62] El agujero negro de la obra pública en España: los sobrecostes. (25 de setiembre, 2017). *20minutos*. Recuperado de: https://www.20minutos.es/noticia/3143309/0/obra-publica-sobrecostes/

Zuil, M. (14 de mayo, 2017). Castor: el chollo para Florentino que vamos a pagar en la factura del gas hasta 2044. *El Confidencial*. Recuperado de: https://www.elconfidencial.com/espana/2017-05-14/claves-castor-proyecto-castellon-acs-florentino_1381769/

El Banco de España corrige a los 64.349 millones el coste del rescate bancario (24 de noviembre, 2018). *El Economista*. Recuperado de: https://www.eleconomista.es/economia/noticias/9540082/11/18/El-Banco-de-Espana-eleva-a-64953-millones-el-coste-del-rescate-bancario.html

[63] Vélez, A.M. (17 de agosto, 2016). Los 77 expolíticos a sueldo como consejeros de empresas cotizadas cobraron 31 millones en 2015. *El Diario*. Recuperado de: https://www.eldiario.es/economia/expoliticos-consejeros-cotizadas-cobraron-millones_0_549095353.html

principales partidos de ámbito nacional[64]. Las relaciones entre los partidos y las grandes empresas son evidentes y crean de hecho perjuicios importantes a la sociedad en forma de oligopolios, prácticas abusivas y precios artificialmente altos por bienes y servicios[65]. En este sentido, los partidos y las corporaciones funcionan claramente como "élites extractivas", en el sentido de apropiadoras de los recursos de la sociedad. Élites extractivas también corporativas, que se defienden entre sí formando entramados mafiosos[66] casi inmunes al estado de

---

[64] Barrón, I. (24 de marzo, 2019). PSOE y PP piden un adelanto de 60 millones a la banca para las elecciones. *El País*. Recuperado de:https://elpais.com/politica/2019/03/22/actualidad/1553291704_847804.html

[65] La electricidad, más cara que nunca. (24 de mayo, 2019). *OCU.org*. Recuperado de: https://www.ocu.org/vivienda-y-energia/gas-luz/noticias/precio-electricidad-espana-europa# https://elpais.com/politica/2019/03/22/actualidad/1553291704_847804.html

[66] Cano, E. (09 de marzo, 2019). El Santander ya controla la política española tras comprar el Popular por un euro. *Diario 16*. Recuperado de: https://diario16.com/el-santander-ya-controla-la-politica-espanola-tras-comprar-el-popular-por-un-euro/

Villarejo habló de ordenar una paliza al periodista Javier Ayuso por unas publicaciones periodísticas. (23 de julio, 2019). *infoLibre*. Recuperado de: https://www.infolibre.es/noticias/politica/2019/07/23/villarejo_hablo_ordenar_una_paliza_periodista_javier_ayuso_por_unas_publicaciones_periodisticas_97273_1012.html

derecho: bien legalmente, confeccionando leyes a medida; bien judicialmente, reduciendo los tipos penales, colocando a jueces "favorables" a los empresarios o políticos juzgados, presionando a otros o, si todo lo demás falla, directamente indultando a delincuentes sentenciados. Por su parte, la gran empresa recompensa el trato de favor de muchas maneras: bien en forma de préstamos a fondo perdido, asientos bien remunerados en sus consejos de administración, regalos u otras formas de compensación por los servicios prestados[67].

Pese a que las relaciones indecentes entre el poder político y el económico son comunes y escandalosas, no creo que hayamos llegado al punto en el que las

---

López-Fonseca, O. (10 de abril, 2019). Siete miembros de la 'policía patriótica' se reparten al año 16.000 euros por medallas concedidas por el PP. *El País*. Recuperado de: https://elpais.com/politica/2019/04/09/actualidad/1554821128_972869.html

[67] Castro, I. y Carreño, B. (17 de noviembre, 2017). Los bancos perdonaron deudas a los partidos incumpliendo la obligación de informar al Banco de España. *El Diario*. Recuperado de: https://www.eldiario.es/politica/Banco-Espana-entidades-ocultaron-financiacion_0_708679483.html

Un informe relaciona el ático de Ignacio González con un regalo de Cerezo. (01 de octubre, 2013). *El Confidencial*. Recuperado de: https://www.elconfidencial.com/espana/2013-10-01/un-informe-relaciona-el-atico-de-ignacio-gonzalez-con-un-regalo-de-cerezo_35131/

decisiones políticas las tome en exclusiva la gran empresa. Algunos autores abogan que ciertas "democracias" históricas, como EEUU, han caído presas de la corporatocracia[68], pero no creo que en España hayamos llegado a ese estado de cosas.

Doy el beneficio de la duda a denominar a nuestro sistema una partito-corporatocracia. De lo que no tengo duda es de que lo que tenemos no es democracia: es una partitocracia, que se estructura en cuatro clases sociales con intereses comunes (Figura 1):

1. *La clase política*: Una minoría privilegiada que ocupa la cúspide del poder. Tiene acceso a todos los recursos públicos del país y acapara la mayoría de ellos. ¿Cuántas personas ocupan esa clase privilegiada? Los datos y estimaciones medianamente fiables que he podido recopilar hablan de una horquilla de políticos, altos cargos administrativos (funcionarios afines al partido de turno) y asesores de entre 76.000 y

---

[68] Sach, J. (03 de octubre, 2011). Sachs: Corporatocracy is Replacing Democracy. *Economist's View*. Recuperado de: https://economistsview.typepad.com/economistsview/2011/10/sachs-corporatocracy-is-replacing-democracy.html

160.000[69], aunque otras estimaciones amplían su número notablemente[70].

2. *La clase gran-empresarial*: Aún más minoritaria que la clase política, con menos privilegios y poder de decisión, pero con acceso directo a, y fuerte influencia en, los políticos. Acapara la mayoría de los recursos privados del país.

3. *La ciudadanía*: Aquí entra el resto de la sociedad no excluida, cualesquiera que sean sus profesiones u ideologías, incluidos los medianos y pequeños empresarios sin relación con el poder, una mayoría abrumadora que apenas ostenta poder de decisión y que se reparte los recursos escasos que no acaparan la clase política y la clase gran-empresarial.

4. *Los excluidos*: En esta clase, que conforma una minoría notable, entrarían tanto los ciudadanos autoexcluidos del sistema por convicción, como los excluidos por el sistema involuntariamente debido a pobreza extrema, pérdida de facultades mentales,

---

[69] Martínez, F. (29 de mayo, 2013). ¿Cuántos políticos hay en España? *El Diario*. Recuperado de:
https://www.eldiario.es/piedrasdepapel/politicos-Espana_6_137596242.html

[70] Fernández, D. (21 de diciembre, 2015). La Casta: la burbuja invisible. *Ibercampus.es*. Recuperado de:
https://www.ibercampus.es/la-casta-politica-la-burbuja-invisible-31898.htm

adicciones, o los inmigrantes irregulares. No tienen ningún poder de decisión ni recursos.

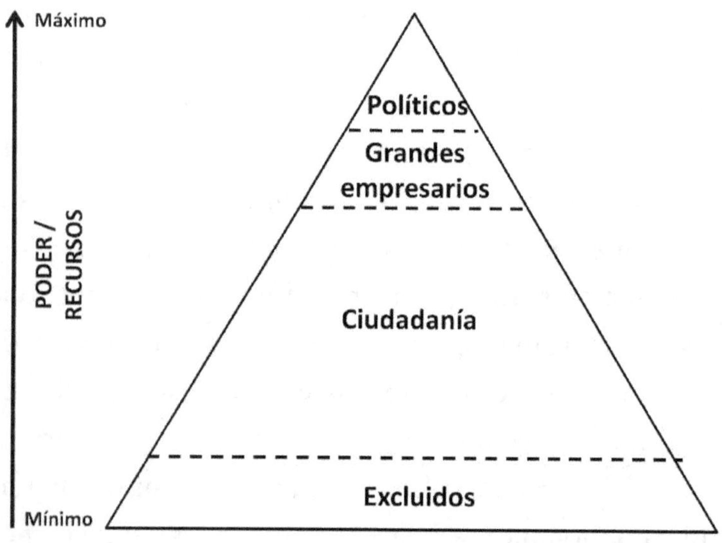

Figura 1: Pirámide social surgida con el régimen de 1978 en España

Izquierda contra derecha: divide y vencerás

Las élites logran mantener la paz social en un sistema injusto no sólo mediante la coacción, sino fundamentalmente mediante sus maquinarias propagandísticas, sobre todo de los medios de comunicación. A través de ellos, ejercen un control ideológico sutil pero hegemónico que distrae al ciudadano, lo enajena de la actividad política, distorsiona la realidad y justifica la explotación existente.

La multitud de canales de entretenimiento, teleseries, eventos deportivos y otras formas de ocio "inocuas" ofrecen posibilidades de entretenimiento inigualables al ciudadano medio que le distraen, evitando que reflexione sobre cuestiones más profundas como el gobierno, la desigualdad o el devenir de la sociedad. No olvidemos que los cientos de canales de televisión y radio disponibles forman parte de un puñado de conglomerados empresariales con participaciones accionariales diversas, muy nítidamente de la banca[71]. Por poner un ejemplo, cadenas privadas de líneas editoriales muy contrastadas, como Antena 3 (derechista) y La Sexta (izquierdista), pertenecen a la misma empresa: Atresmedia. Gran parte de la pluralidad ideológica existente en los medios es meramente formal, ya que ninguna cuestiona el sistema.

Ninguno de nosotros queremos estar reflexionando sobre el gobierno continuamente. Está claro. Sin embargo, no es casual que los días en que se televisan partidos de fútbol se hayan ido ampliando desde las tardes de los domingos en los años 90 hasta ocupar todos los días de la semana en 2018. Es la inacción por distracción.

Puede argumentarse que el ciudadano concienciado con el presente de la sociedad tiene múltiples medios para informarse…tantos que la cantidad de noticias, ciertas, medio ciertas e interesadamente falsas, resulta abrumadora y llega a

---

[71] Del Castillo, C. (30 de enero, 2018). ¿Quién controla los medios? No quieren que lo sepas, pero hay formas de rastrearlo. *Público*. Recuperado de: https://www.publico.es/politica/controla-medios-no-quieren-sepas-hay-formas-rastrearlo.html

Grupos y medios de comunicación en España en 2019. (04 de abril, 2019). *enriquebullido.com*. Recuperado de: https://enriquebullido.com/grupos-y-medios-de-comunicacion-en-espana-en-2019/

aturdir y bloquear la capacidad de pensamiento crítico de cualquiera que se tome la molestia de buscar la verdad entre las toneladas de noticias en televisión, prensa, radio, internet o en las redes sociales[72]. Es la inacción por saturación.

No son pocas las noticias que justifican la desigualdad de clases fomentando la idolatría a las élites (políticos, ricos, famosos), cuya capacidad y altruismo se magnifican y cuyos errores se justifican, a veces de forma grotesca[73]. Un ejemplo claro son los programas del corazón, los noticieros o ciertos programas de análisis político. Es la inacción por legitimación. La naturaleza del sistema se presenta como un hecho incuestionable e inalterable en el discurso y la cultura dominantes.

---

[72] Influencia de las noticias falsas en la opinión pública. (Setiembre, 2018). *Estudio de Comunicación* y *Servimedia*. Recuperado de: https://www.servimedia.es/sites/default/files/documentos/informe _sobre_fake_news.pdf

[73] Marina del Corral achaca la emigración de jóvenes españoles «al impulso aventurero» (01 de diciembre, 2012). *ABC*. Recuperado de: https://www.abc.es/economia/abci-emigracion-jovenes-aventureros-marina-201212010000_noticia.html

Báñez: "España ha vivido por encima de sus posibilidades muchos años". (25 de mayo, 2012). *ElEconomista.es*. Recuperado de:https://www.eleconomista.es/economia/noticias/3984437/05/12 /Banez-Espana-ha-vivido-por-encima-de-sus-posibilidades-muchos-anos-.html

Las élites fomentan la inacción social no sólo en el ámbito del pensamiento, sino también de la participación pública, lo cual facilita su detentación del poder, beneficiándose de la crisis de legitimidad del sistema de la que ellas mismas son responsables. Así, pueden ocurrir situaciones escandalosas como la de las últimas elecciones generales portuguesas cuando la proporción de electores que decidieron no participar en el juego parlamentario ascendió a la cifra récord del 49%[74]. Casi la mitad de los electores del país vecino decidieron dar la espalda a un sistema que teóricamente representa sus intereses. Aún con una representatividad social gravemente mermada, el partido victorioso estuvo a punto de obtener la mayoría absoluta en el parlamento. Es decir, el sistema parlamentario (portugués o español) ignora a los ciudadanos que por desgana, desafección o protesta deciden quedarse fuera del juego parlamentario, posibilitando un funcionamiento parlamentario normal incluso en medio de una anormalidad democrática palpable, y es que la mitad

---

[74] Ezezaguna, A. (06 de octubre, 2019). Una abstención récord empaña la victoria socialista en las elecciones de Portugal. *La Razón*. Recuperado de: https://www.larazon.es/internacional/una-abstencion-record-empana-la-victoria-socialista-en-las-elecciones-de-portugal-AF25203113/

de los ciudadanos con derecho a voto reniegue del sistema establecido. La vigente norma que regula el ejercicio del voto en España[75] no establece un mínimo de participación para que los resultados electorales sean válidos, pudiendo darse la posibilidad antidemocrática de una normal elección y funcionamiento de las cámaras elegidas por tan sólo una fracción mínima del electorado, lo cual atenta directamente contra el principio de representatividad de los cargos electos. A los gobernantes les interesa una alta apatía en la participación pública, pues facilita su labor al disminuir el esfuerzo en explicar sus propuestas, convencer de su bondad a los ciudadanos y, finalmente, aprobarlas como norma sin molestas explicaciones, preguntas o manifestaciones de protesta. Es mucho más sencillo gobernar para "los tuyos", que ya están convencidos, que para todos.

Para quien se tome la molestia de observar lo que ocurre, contrastar las noticias y filtrar el grano de la paja, resulta evidente que hay una serie de falacias que forman la base del discurso político que, a poco que se indague, piense y conozca, se refutan con facilidad con multitud de ejemplos y que, de ser

---

[75] Ley Orgánica 5/1985, de 19 de junio, del Régimen Electoral General.

ciertas, no se repetirían tanto intentando convencer al ciudadano de su veracidad:

1) *Que la prioridad de los partidos y gobiernos es el interés general.*

A la vista está que no. No discuto que haya políticos honrados y preocupados por el bienestar social, fundamentalmente a escala municipal, pero cuanto mayor es el pastel a repartirse y mayor el número de compinches con quienes repartirlo, más lejano queda el interés general. Un ejemplo nítido es la preferencia del gobierno de Mariano Rajoy por salvaguardar los intereses de las cajas de ahorros (los de sus gestores políticos, sindicalistas y sus accionistas) quebradas por lustros de politización, expolio y mala gestión, a costa de las familias españolas. En lugar de dejar caer las cajas y exigir responsabilidades a los gestores de las mismas, que se auto concedieron jugosas indemnizaciones poco antes de la intervención estatal[76], el gobierno decidió

---

[76] Navarro, S. y Noceda, M.A. (02 de octubre, 2011). Así saquearon la CAM. *El País*. Recuperado de: https://elpais.com/diario/2011/10/02/domingo/1317527555_850215.html

Montañés. E. (12 de junio, 2012). Las indemnizaciones millonarias que se embolsaron los gestores de las cajas en quiebra. *ABC*. Recuperado de: https://www.abc.es/economia/abci-indemnizaciones-millonarias-bancos-201206110000_noticia.html

invertir un dinero que se decía a las familias que no existía para rescatarlas, detrayéndolo del bienestar ciudadano para dependencia, mantenimiento de infraestructuras, sanidad, ciencia…Nuestro gobierno prefirió salvar a unos miles de accionistas y unas decenas de amigos políticos y sindicalistas frente a millones de españoles. El reparto indebido de los recursos públicos no fue sólo injusto, sino además criminal, pues los recortes sociales necesarios para compensar el regalo a la banca provocaron un dolor inmenso, agravando la situación de millones de personas, que perdían sus trabajos por despidos masivos en la administración, se distanciaban de sus parejas, se veían forzados a emigrar del país[77], sufrían subidas de precios públicos y rebaja de servicios[78], se retiraban de (o ni se planteaban) estudiar en la universidad por el aumento de tasas y la reducción de becas[79], morían por el escaso mantenimiento de las

---

[77] El desempleo eleva un 41% la emigración de jóvenes desde 2008. (17 de agosto, 2013). *El Mundo*. Recuperado de: https://www.elmundo.es/elmundo/2013/08/17/economia/1376729 062.html

[78] La exclusión sanitaria también afecta a los emigrantes españoles. (22 de junio, 2016). *El Periódico*. Recuperado de: https://www.elperiodico.com/es/gente/20160622/exclusion-sanitaria-tambien-afecta-emigrantes-espanoles-5221720

[79] Sánchez, D. (12 de julio, 2019). El coste de estudiar en la

carreteras y de los automóviles[80], cada vez más envejecidos, y se suicidaban desesperados por la indiferencia y crueldad de sus representantes,[81] que prefirieron los accionistas y consejeros malhechores a las familias españolas a quienes en teoría representaban[82]. ¿Cuántos empleos, becas, familias, vidas podrían haberse salvado con los más de 74.000 millones de euros de dinero público que el gobierno decidió entregar a la banca? ¿Cuántas carreteras se podrían haber reparado con los 2.800 millones de euros perdonados por el mismo gobierno a los grandes defraudadores fiscales en su amnistía de 2012[83]?

---

universidad pública ha subido 12 veces más que los salarios. *El Diario*. Recuperado de: https://www.eldiario.es/sociedad/Estudiar-Universidad-encarecido-empezo-salarios_0_919358331.html

[80] Abad, J.M. (22 de febrero, 2018). ¿Por qué no dejan de aumentar las muertes en carretera? *El País*. Recuperado de: https://elpais.com/politica/2018/02/19/actualidad/1519031973_148758.html

[81] Sanmartín, O. (30 de marzo, 2016). El número de suicidios crece un 20% desde el inicio de la crisis económica. *El Mundo*. Recuperado de: https://www.elmundo.es/sociedad/2016/03/30/56fb9dc5ca47413d358b4604.html

[82] De la Torre, F. (31 de diciembre, 2018). La quiebra de las cajas politizadas y su coste. *El Español*. Recuperado de: https://www.elespanol.com/opinion/tribunas/20181231/quiebra-cajas-politizadas-coste/364833514_12.html

[83] La cifras de la amnistía fiscal de Montoro. (08 de junio, 2017). *Público*. Recuperado de: https://www.publico.es/politica/cifras-

A ningún ciudadano normal el gobierno le exime de su obligación de pagar impuestos, so pena de una penalización importante. En este caso, sucedió lo contrario: se premió a los defraudadores eximiéndoles del pago de la mayoría de los impuestos que deberían haber abonado a la hacienda pública…¡y de la multa por no haberlos pagado! Tanto PP como PSOE se negaron a publicar la lista de dichos defraudadores en un necesario ejercicio de transparencia[84]…Por algo será.

Sin embargo, el discurso oficial, lejos de apuntar al saqueo político-financiero del país y a la inacción cómplice de los organismos reguladores como el Banco de España, culpabilizó de la crisis a los españoles por vivir por encima de sus posibilidades. ¿Se puede ser más inmoral?

---

amnistia-fiscal-montoro.html

[84] Moraga, C. (20 de abril, 2015). El Gobierno se niega a publicar la lista de las 705 "personalidades" amnistiadas por Hacienda. *El Diario*. Recuperado de: https://www.eldiario.es/politica/Montoro-Agencia_Tributaria-lista_de_defraudadores-Congreso_0_379362549.html

Valls, F. (02 de abril, 2019). Sánchez saca del programa revelar la lista de la amnistía fiscal "de la vergüenza". *La Información*. Recuperado de: https://www.lainformacion.com/economia-negocios-y-finanzas/sanchez-psoe-amnistia-fiscal-elecciones/6496612/

Otro ejemplo ilustrativo de la relegación del interés general lo constituye el bloqueo político a la formación de gobiernos por vetos cruzados entre partidos, que perjudican al conjunto de la ciudadanía. Hemos pasado del bipartidismo sectario al "bibloquismo" sectario. Gran avance. ¿No podría haber apoyado, en un ejercicio de responsabilidad, el PSOE al PP de Rajoy para sacar adelante su investidura en 2015, que al final acabó facilitando por abstención tras abocarnos a otras elecciones, en una cesión extrema que casi desgarra al partido? ¿No debería haber negociado Ciudadanos, o el propio PP, tan patriotas como se proclaman, con el PSOE tras las elecciones generales de abril de 2019 para promover un gobierno para el país? ¿No debería el PSOE haber buscado con ahínco el apoyo de estas fuerzas si tanto le importaba el desbloqueo? Ambas combinaciones sumarían mayoría absoluta y podrían sacar adelante medidas muy importantes para mejorar la vida de las personas. ¿Lo han hecho? ¿Se lo han planteado siquiera? No. Porque los ciudadanos no les preocupamos lo más mínimo[85].

---

[85] Remacha, B. y Ordaz, A. (25 de agosto, 2019). La falta de financiación aumenta la lista de espera y deja a otros 6.000 dependientes graves sin su ayuda reconocida. *El Diario*. Recuperado

Si a Ciudadanos le inquietaba tanto que el PSOE pactara con los independentistas, como denunciaba[86], ¿por qué no les ofreció su apoyo para que no tuviesen que depender de ellos y ayudar así a mejorar la situación del país en base a sus propuestas? Porque ése no era su objetivo. Rivera prefirió imaginarse líder de la oposición y negarse a todo lo que viniese del PSOE, en esa actitud sectaria típicamente española de tomarse "oposición" al pie de la letra, esperando el pinchazo definitivo del PP que lo catapultase a las riendas del poder en las siguientes elecciones. ¿Por qué Podemos no fue más flexible con la oferta de gobierno de coalición que le hizo a última hora el PSOE de Sánchez en julio de 2019, si tanto le preocupan las personas? Era una oferta pobre y desganada, pero les habría posibilitado empezar a tomar medidas que mejoren la vida de la gente, como tanto proclaman.

---

de: https://www.eldiario.es/sociedad/Dependencia-grandes-dependientes-listas-recortes_0_933707114.html

[86] Ciudadanos denuncia connivencia entre el PSOE y el independentismo catalán. (20 de mayo, 2019). *La Vanguardia*. Recuperado de:
https://www.lavanguardia.com/politica/20190520/462355965703/ciudadanos-denuncia-connivencia-entre-el-psoe-y-el-independentismo-catalan.html

Las posturas oficiales de los partidos son incoherentes y dañinas para quienes al final sufrimos las repercusiones de tanto partidismo egoísta y sectario. Son incoherentes porque cambian según lo hacen los vientos políticos. ¿Quién se acuerda ya del reciente pasado socialdemócrata de Ciudadanos, cuando ahora[87] tan sólo pacta con partidos a su derecha y reniega del PSOE y otras fuerzas socialdemócratas? ¿O de la mano salvadora del recientemente estrenado y siempre solidario gobierno del PSOE a los pobres inmigrantes ilegales del *Aquarius*, que nadie quería acoger, en junio de 2018, mientras que a partir de entonces, cubierto el cupo de solidaridad, ha puesto todas las trabas posibles no sólo a acoger a más inmigrantes en la misma situación, sino a la propia labor humanitaria de las ONG que los rescatan en medio del mar?[88]

Y son dañinas porque, con sus juegos de intereses, impiden el progreso y bienestar sociales. Prefieren escudarse en pretextos absurdos para culpar al otro de

---

[87] Octubre de 2019.

[88] Vargas, J. (31 de enero, 2019). El giro de Sánchez en política migratoria: del Aquarius a aplicar la línea dura de la UE. *Público*. Recuperado de: https://www.publico.es/sociedad/migraciones-viraje-gobierno-politica-migratoria-acoger-aquarius-seguir-linea-dura-ue.html

que la situación se deteriore, en lugar de trabajar por mejorarla. Por ejemplo, el gobierno en funciones del PSOE desde abril de 2019 negó repetidas veces que pudiese liberar fondos a las comunidades autónomas para cumplir con sus obligaciones financieras a petición de varios presidentes autonómicos, que empezaban a tener problemas para financiar servicios públicos en sus regiones. Sin embargo, tras convocar nuevas elecciones para noviembre, el mismo gobierno en funciones encuentra mágicamente la fórmula para hacer llegar ese dinero para sanidad, servicios sociales, y otros asuntos vitales que antes era imposible[89]. ¿Qué ha cambiado? Los intereses del PSOE y de sus dirigentes, que han mantenido como rehén a la ciudadanía para presionar a otros partidos para que votasen a favor o se abstuviesen en su investidura sin hacer cesiones de ningún tipo. Ahora, con elecciones a la vista, ya sí se pueden liberar fondos para dependencia, revalorizar las pensiones[90],

---

[89] Borrás, X. y Segovia, C. (02 de octubre, 2019). Sánchez anuncia ahora que desbloqueará fondos a las comunidades autónomas antes del 10-N. *El Mundo*. Recuperado de:
https://www.elmundo.es/espana/2019/10/02/5d950cadfc6c83db44 8b456e.html

[90] Jorrín, J. y Romero, J. (07 de octubre, 2019). El PSOE promete subir las pensiones con el IPC en diciembre si gobierna tras el 10-N. *El Confidencial*. Recuperado de:

etc.: caramelos por votos. No hay palabras para definir tanta ruindad.

Casi ningún ciudadano declarará que está contento con sus políticos (puede que de algún alcalde honesto, sí), ni que observa que trabajan para mejorar sus condiciones de vida, para que pueda ser más feliz. Al contrario. Se observa que los partidos, con la función cutre a la que nos tienen acostumbrados, perjudican gravemente el interés del conjunto de la ciudadanía, sacrificado a sus propios intereses.

2) Que el estado de derecho funciona; que la ley es igual para todos.

O su versión de andar por casa: "el que la hace la paga". Son innumerables los casos de escandalosa desproporción (a la baja) entre el daño causado al patrimonio público por políticos y grandes empresarios y las penas impuestas[91]. Cualquiera que haya tenido algún descuido con Hacienda de pocos miles de euros comprenderá rápidamente las graves repercusiones que le puede acarrear. En cambio, desde el gobierno se tapan corruptelas[92], se alientan

---

https://www.elconfidencial.com/economia/2019-10-07/psoe-subida-pensiones-ipc-programa-electoral_2271824/

[91] Delito de malversación de caudales públicos. (31 de octubre, 2019). *Iberley*. Recuperado de: https://www.iberley.es/temas/delito-malversacion-caudales-publicos-46361

amnistías fiscales a defraudadores millonarios[93], o se indulta a socios o compañeros de partido condenados por corrupción[94]. Las élites se protegen entre sí amparadas por una legislación a medida y una justicia politizada mientras arrojan todo el peso de la ley sobre el ciudadano.

3) Que vivimos en una democracia consolidada.

Muchos españoles de cierta edad, que han vivido el cambio de régimen político, aceptan el sistema existente como una "democracia" por el pluripartidismo, el ejercicio del voto y las libertades civiles, en contraposición a una dictadura que negaba derechos fundamentales. Las ventajas de la partitocracia existente con respecto a la dictadura anterior son evidentes, pero no enmascaran la realidad de un sistema secuestrado por los partidos en el que el pueblo es marginado de la toma de

---

[92] Un hijo de Pujol revela que el comisario Villarejo les ofreció inmunidad si paraban la independencia. (25 de noviembre, 2015). *El Diario*. Recuperado de: https://www.eldiario.es/politica/Pujol-comisario-Villarejo-inmunidad-independencia_0_456004491.html

[93] Escolar, I. (15 de abril, 2015). Cinco datos sobre la amnistía fiscal de Montoro que te van a cabrear. *El Diario*. Recuperado de: https://www.eldiario.es/escolar/datos-amnistia-fiscal-Montoro-cabrear_6_377672269.html

[94] Talegón, B. (24 de setiembre, 2018). A fondo: Los indultos en España. *Diario 16*. Recuperado de: https://diario16.com/fondo-los-indultos-espana/

decisiones que le afectan. Por tanto, estas personas son partidarias del sistema existente, aceptan de buena gana su etiqueta democrática y no cuestionan, por lo común, su verdadera naturaleza.

Otros más jóvenes, que hemos crecido bajo el discurso "democrático" imperante, tampoco lo cuestionamos en general, y lo aceptamos acríticamente. No hemos conocido otra cosa. Siempre ha sido así. Sin embargo, como comenté anteriormente y puede observarse con claridad, el sistema político existente en España es una oligocracia de partidos, una partitocracia profundamente injusta en la que los partidos han consolidado su hegemonía desde la Transición, apropiándose de todas las instituciones y organismos públicos del país en beneficio propio. Como también comenté, el hecho de que hayamos avanzado mucho desde una perspectiva histórica no quita que el sistema existente no sea muy mejorable. Para quien parte de un abismo, estar en un hoyo es casi tocar el cielo.

4) *Que las políticas de los partidos van a cambiar sustan- cialmente cuando pasen de la oposición al gobierno.*

El tan cacareado "Cambio"[95], tan vacío de significado que en ocasiones es el propio partido en el gobierno el que lo usa[96]; ¿Cambio de qué, hacia dónde, y para qué? No lo indican. Sólo cambio. Este eslogan manido se aprovecha de la insatisfacción vital del votante potencial, incluida en buena medida la ocasionada por los propios políticos, para explotar la ilusión de que su vida, sus condiciones van a cambiar porque entre a gobernar alguien con una etiqueta u otra. Las políticas reales, sin embargo, apenas experimentan cambios gobiernen unos u otros.

5) Que a los partidos y los políticos que los integran les mueven unos profundos ideales.

Ideales que no dudarán en cambiar (en esto sí realmente) en cuanto se atisbe una opción de alcanzar el poder. Progresista, conservador, liberal, feminista….son etiquetas publicitarias para captar el interés de ciudadanos socialmente comprometidos. Las estrategias programáticas de los partidos

---

[95] Delgado, M. (17 de setiembre, 2015). El cambio, un lema que no pasa de moda. *El Mundo*. Recuperado de: https://www.elmundo.es/espana/2015/12/17/5671401c46163f7a57 8b45aa.html

[96] Ferrero, A. (01 de junio, 2019). Sánchez propone una "gran agenda de cambio" y reivindica el papel de España en Europa. *Público*. Recuperado de: https://www.publico.es/politica/sanchez-propone-gran-agenda-cambio-reivindica-papel-espana-europa.html

dependen mucho más de estudios demoscópicos y de maniobras electorales que de los supuestos "ideales" que airean sus dirigentes.

Tales estrategias sectarias profundizan en la división social a través de juegos ideológicos bien diseñados. La ideología es un conjunto de valores y prejuicios profundos de una persona que no están necesariamente basados en hechos reales y que por lo tanto son inmunes a la evidencia. Cuando los partidos interesadamente apelan a diversos "ideales" que polarizan a la sociedad: la unidad de España, la República catalana, la privatización de servicios públicos, el ataque a la religión católica, el feminismo, etc. apelan a las creencias profundas de los individuos, a aquello que puede dividir a la masa social, no a los valores universales que la unen. Es la víscera contra la razón, que puede llevar a un ciudadano X a votar a un partido que, en la práctica, vaya en contra de sus intereses de clase por una supuesta defensa ideológica de ciertos valores que él considera claves, pero que humanamente no son esenciales, como la tauromaquia, la caza o la laicidad.

Cualquier observador puede darse cuenta fácilmente de que todos los ciudadanos, votemos a quien votemos, queremos, en esencia, las mismas cosas: un médico competente que nos atienda cuando estamos enfermos, una situación económica desahogada, seguridad pública, atención considerada cuando seamos viejos, unos buenos profesores para nuestros hijos, un medio ambiente saludable, oportunidades de desarrollo personal y cultural, relaciones sociales de calidad, libertad de pensamiento y acción…en definitiva: ser felices. No importa si nos definimos de derechas, de izquierdas, de centro o apolíticos. Todos somos seres humanos y compartimos una serie de valores universales. Cualquier ciudadano de cualquier país del Mundo, pobre o rico, hombre o mujer, joven o viejo, católico o musulmán, derechista o izquierdista, urbano o rural, estaría de acuerdo con esa serie de valores. Entonces, ¿qué nos impide reclamarlos de forma efectiva?

Hay varios factores que impiden, en un país como España, que la sociedad consiga avanzar hacia su plenitud. Hemos visto ya algunos importantes, como las limitadísimas posibilidades para defender sus intereses legítimos que otorga a los ciudadanos el régimen legal establecido y la ausencia de representación de dichos intereses por los políticos[97].

---

[97] Recordemos que el artículo 67.2 de la CE prohíbe expresamente el mandato imperativo.

No obstante, incluso en un régimen oligocrático restrictivo como el vigente, la ciudadanía podría obtener mejoras sustanciales de su situación si estuviese unida. Conviene recordar los logros históricos que han obtenido sociedades cohesionadas que tenían claros sus intereses y su poder como colectivo frente al poder establecido. Un ejemplo de tal fuerza lo constituye la consecución de la jornada laboral de 8 horas tras 44 días de huelga general en Barcelona en 1919: un logro Marca España[98].

Es bien sabido que la unión hace la fuerza. Por ello el poder se empeña en dividir artificialmente a ciudadanos con intereses comunes. Porque sabe que, desunidos y enfrentados en grupos, somos fácilmente manejables. Por eso se empeña en crear barreras ideológicas de todo tipo: identitarias, partidistas, de género, deportivas…Sí, incluso el deporte constituye una forma eficaz de manipulación ideológica, cuando la antipatía hacia un seguidor del equipo rival te impide ver todo lo que te une, como ciudadano, a él. Un seguidor acérrimo del Real Madrid probablemente

---

[98] Corominas, J. (01 de octubre, 2019). ¿Sabes por qué trabajas 8 horas? Los 44 días que cambiaron la historia de España. *El Confidencial*. Recuperado de:
https://www.elconfidencial.com/cultura/2019-01-19/jornada-ocho-horas-huelga-canadiense-centenario_1767114/

no quiera llegar a ningún acuerdo, ni siquiera hablar, con uno del Barcelona, a quien ya presupone con unos valores totalmente opuestos a la suyos, aunque sea un vecino que trabaje en sù mismo gremio, cobre lo mismo que él y esté atravesando sus mismas dificultades para prosperar. Incluso un seguidor moderado seguramente tendrá prejuicios en llegar a acuerdos con quien es, socialmente, su igual, con sus mismos intereses y aspiraciones. Las élites fomentan la división en grupúsculos sociales que pelean entre sí por glorias banales que canalizan la atención y la rabia por vericuetos distintos de los que serían socialmente útiles.

La división social más potente viene del discurso interesado sobre izquierda y derecha. No obstante, esa división social en izquierdistas y derechistas es, además de burda, pues sólo los fanáticos o adocenados compran paquetes ideológicos completos, obsoleta, pues pertenece a un Mundo de bloques ideológicos felizmente pasado.

Ni que decir tiene que los partidos fomentan y explotan la división social hasta extremos obscenos y peligrosos. Como ejemplo ilustrativo, tomemos la importante merma de la convivencia en Cataluña por parte de unos partidos que han decidido polarizar de forma encarnizada a la sociedad: unos a favor de la independencia, y otros en contra. Da igual que todos pertenezcan al mismo estrato social, el de los ciudadanos, tengan las mismas necesidades y aspiraciones similares, y sufran por igual la explotación de las élites. Pero así éstas viven muy bien a costa de promover el odio entre iguales.

Los partidos tienen muy claro sus intereses como clase privilegiada, que sólo puede verse amenazada por una sociedad civil cohesionada que tenga claros sus intereses comunes y actúe para promoverlos. Los recursos sociales son limitados, y las decisiones sobre cómo distribuirlos pueden pasar por repartirlos proporcionalmente entre todos los ciudadanos, o destinar una parte desproporcionadamente grande de los mismos para unos pocos privilegiados, privando a la mayoría de considerable bienestar, y destinando a ellos las sobras, como hasta ahora.

Por eso actúan para dividirnos, para que quien haya votado al PP justifique actos injustificables de ese partido ante las críticas de otros votantes, y para que quien haya votado al PSOE, a Ciudadanos, a Podemos, a Junts per Catalunya o a cualquier otro haga lo propio con "los suyos". Cuando nos demos cuenta de que quien impide nuestro mayor progreso y bienestar no son los votantes del PP, del PSOE, o de Esquerra Republicana, sino que son nuestros propios "representantes", habremos empezado a caminar hacia la solución al parasitismo social que practica la clase política sobre el conjunto de la sociedad: la emancipación ciudadana. El enemigo no está al lado: está arriba.

Los políticos constituyen una clase privilegiada diferenciada del resto de la sociedad por una serie de características que, en conjunto, no están al alcance de ningún otro segmento de la ciudadanía:

1) *Fijan sus propias retribuciones, dietas y otras prebendas*, con salarios a menudo desproporcionados en proporción al trabajo desarrollado, y muy superiores a los salarios medianos de la población[99]. Es cierto que hay políticos honrados con salarios moderados; incluso algunos, en pequeñas alcaldías, que no cobran por hacer su trabajo y dedican su tiempo altruistamente a ayudar a los demás. También

---

[99] Núñez, F. (23 de junio, 2019). El verdadero sueldo de los políticos: Sánchez, Iglesias, Rivera y Casado ganaron más de 100.000 euros en 2018. *Vozpópuli*. Recuperado de: https://www.vozpopuli.com/economia-y-finanzas/sueldo-politicos-espanoles-iglesias-sanchez-rivera-abascal-casado_0_1256574962.html

hay algunos, pocos, como los diputados y senadores de Podemos, que inicialmente decidieron limitar sus retribuciones y ligarlas a salarios sociales, como el SMI[100], donando según sus estatutos la parte restante a causas sociales. Pero estas actitudes honrosas son la excepción.

2) *Trabajan en los puestos más altos de la administración pública y del Estado por designación directa*, sin oposiciones, concursos de méritos, ni capacidad demostrada, a diferencia de los funcionarios o el personal laboral no directivo.

3) *Establecen las normas que les rigen*, incluyendo las punitivas, con lo que, en la práctica, las penas por los delitos cometidos por ellos y por los suyos son muy inferiores a su gravedad y a las que acarrearían a cualquier ciudadano por hechos similares.

4) *Obtienen condiciones de negocio muy ventajosas*, fuera del alcance del común de los ciudadanos, a menudo con condonaciones y quitas por parte de la banca, así como acomodo bien

---

[100] Castillo, M. (06 de enero, 2016). Podemos limita el salario base de sus diputados a 1.965 euros mensuales. *Expansión*. Recuperado de:
https://www.expansion.com/economia/politica/2016/01/04/568a2e4a22601d58368b4588.html

remunerado en grandes empresas al terminar sus mandatos.

5) *Tienen acceso ilimitado a los medios de comunicación* para difundir sus mensajes.

6) *Poseen por defecto, o pueden obtener, según el cargo, agentes públicos como escolta* para ellos mismos y sus domicilios, a cargo del contribuyente.

¿Qué otro segmento social disfruta de todos esos privilegios?

¿Para qué sirven los partidos políticos?

Cualquier ciudadano medianamente observador que no forme parte de una estructura partidista se da perfecta cuenta de que ningún partido representa ni sus ideas ni sus intereses. Como decíamos al principio, resulta imposible que unos pocos partidos con representación parlamentaria puedan representar la multitud de cosmovisiones e intereses particulares de la ciudadanía.

Supongamos que al menos representasen los intereses del grupo relativamente limitado de sus votantes ignorando al resto, como podrían hacer los partidos independentistas catalanes. Sin embargo, salvo contadas excepciones o en medidas puntuales, sus votantes tampoco se sienten representados por "sus partidos". ¿Por qué? Hay una serie de factores comportamentales intencionales de los partidos que los hacen muy poco fiables:

1) *La utilización habitual del engaño para manejar a la opinión pública*; lo cual se traduce normalmente en el incumplimiento masivo de sus

programas electorales. Es cierto que a veces ocurren situaciones sobrevenidas que impiden el cumplimiento de ciertas promesas. Eso es entendible. Pero también es cierto que la nula repercusión política o jurídica de utilizar la mentira para atraer votantes ha hecho del engaño la base de la política española[101]. Pese a no estar sometidos a mandato imperativo, el pacto de confianza establecido teóricamente entre representado y representante a través del mandato representativo es traicionado habitualmente por este último, ocasionando una crisis de legitimidad representativa.

2) *Los constantes cambios de opinión y actitud*, en función de sus estrategias partidistas y de los vientos electorales[102]. Ocurrió de forma flagrante con el

---

[101] Martínez-Vares, V. (26 de marzo, 2009). Incumplir el programa electoral no es delito. *Expansión.com.* Recuperado de: https://www.expansion.com/2009/03/25/economia-politica/politica/1238018229.html

[102] Bocanegra, J. (15 de agosto, 2019). Del Aquarius al Open Arms: Sánchez da un vuelco a su política migratoria en 14 meses. *El Confidencial.* Recuperado de: https://www.elconfidencial.com/espana/2019-08-15/transformacion-sanchez-humanidad-inmigracion-aquarius-open-arms_2179703/

Fernández, J.J. (01 de mayo, 2019). Primeros reparos en el PP por el volantazo al centro de Casado. *El Periódico.* Recuperado de: https://www.elperiodico.com/es/politica/20190501/reacciones-pp-elecciones-casado-crisis-7434059

PSOE de Felipe González que, tras manifestarse contundentemente en contra de la OTAN estando en la oposición, tras su llegada al gobierno pasó a defender con ahínco la permanencia de España en la organización; o con el reciente insomnio de varios meses de Pedro Sánchez por formar gobierno con Podemos desde las elecciones de abril de 2019, que curó en dos días tras perder 700.000 votos en las elecciones de noviembre del mismo año[103]; y

3) *Los virajes ideológicos* repentinos, que desplazan ideológicamente a todo el partido, desorientando a sus votantes, por cálculos electorales. Es lo que ha ocurrido, en muy pocos años, con Ciudadanos, que empezó definiéndose como socialdemócrata y ha terminado haciendo competencia al PP y feroz oposición al PSOE en el espectro de la derecha política[104].

---

[103] Rei, J. (12 de noviembre, 2019). Sánchez pacta con Iglesias el Gobierno con el que "no dormiría" ni él "ni el 95% de españoles". *El Español*. Recuperado de:
https://www.elespanol.com/espana/20191112/sanchez-negocia-iglesias-gobierno-quitaria-sueno-espanoles/443956124_0.html

[104] Moraga, C. (26 de agosto, 2018). Ciudadanos: doce años de virajes ideológicos para acabar compitiendo por la derecha con el PP. *El Diario*. Recuperado de:
https://www.eldiario.es/politica/Ciudadanos-Albert_Rivera-vaivenes-ideologia-alianzas_0_806670041.html

Las consecuencias directas de tales comportamientos son la desmoralización, el desconcierto, la desconfianza, la apatía, la desilusión, el resentimiento, la ira…sentimientos muy negativos que inspiran los partidos y la clase política al ciudadano corriente[105], y que desacredita el sistema parlamentario produciendo rechazo y abstención.

En consecuencia, el ciudadano común, cuando acude a votar, no vota lo que le entusiasma, ni siquiera muchas veces lo que le gusta. Vota, resignado, lo que le parece más tolerable dentro de un rango de opciones que no le satisfacen. La elección es penosa. Cuando "votar lo menos malo" es el eslogan de la gran mayoría de los dos tercios de los "representados" que aún se esfuerzan en votar, es que no se sienten muy bien representados.

Otro hecho muy común entre el votante español es votar "en negativo"; es decir, votar a un partido que no le convence para que no gane otro que aborrece. Es lo que ocurrió, por ejemplo, en las elecciones de abril de 2019, en las cuales el discurso del miedo a la

---

[105] Pinheiro, M. (22 de setiembre, 2019). La cuarta campaña en cuatro años arranca con un clima de profunda desconfianza en la política. *El Diario*. Recuperado de:
https://www.eldiario.es/politica/precampana-comienza-profunda-desconfianza-politica-elecciones_10N_2019_0_944205914.html

ultraderecha de Vox agitado por el gobernante PSOE y a la desmembración de España por parte de PP y Ciudadanos logró movilizar a miles de abstencionistas que en otras circunstancias se hubieran quedado en casa. Es la estrategia del miedo que emplean los partidos para mantener cautivos a los ciudadanos en un sistema que les perjudica[106].

La supuesta "representación" de los ciudadanos por los políticos es, además de irreal, a menudo ofensiva para el pueblo que se ve tratado como un menor de edad, o un impedido, por los políticos que "interpretan" lo que se supone que piensan y sienten, aunque sólo se molesten en escucharles una vez cada cuatro años.

Cualquier persona mayor de edad en plenas facultades mentales, no importa su sexo, procedencia, edad, nivel económico o cultural, sabe lo que le conviene mejor que nadie, tiene claros sus intereses. No necesita que nadie le "interprete", que le prive del derecho de manifestar, promover y conseguir directamente sus intereses legítimos, sin

[106] Menéndez, M. (11 de abril, 2019). Elecciones generales 2019. Los partidos apelan al miedo y llaman a los indecisos en el arranque de una campaña polarizada. *rtve.es*. Recuperado de: http://www.rtve.es/noticias/20190411/partidos-apelan-miedo-llaman-indecisos-arranque-campana-polarizada/1921920.shtml

intermediarios que tergiversen sus opiniones en provecho propio. La "representación política" constituye, en su forma actual, una usurpación injustificada de funciones y derechos ciudadanos.

Podríamos argüir que, si alguien no se siente representado por los partidos actuales, siempre puede formar uno que sí le represente, pero es un argumento falaz. ¿Alguien se imagina a un agricultor de un pueblo extremeño formando un partido político con apoyo suficiente para entrar en el congreso, siquiera en el parlamento regional? ¿O a un anciano con problemas de movilidad? ¿O a un fontanero autónomo abrumado por la burocracia? ¿A un nini? ¿A un ama de casa? Sólo grupos sociales con conocimientos, medios y capacidad organizativa suficiente pueden organizarse en partidos. El resto de la sociedad, la inmensa mayoría, está excluida de la toma de decisiones que les afectan activamente: porque no pueden, en la práctica, formar partidos, que es el único cauce habilitado para acceder al poder político; y pasivamente: porque los partidos existentes no los representan. Pero si los partidos no representan a la ciudadanía, ni siquiera a sus electores, ¿a quién representan?

Según el artículo 6 de la vigente Constitución de 1978: "Los partidos políticos expresan el pluralismo político, concurren a la formación y manifestación de la voluntad popular y son instrumento fundamental para la participación política. Su creación y el ejercicio de su actividad son libres dentro del respeto a la Constitución y a la ley. Su estructura interna y funcionamiento deberán ser democráticos".

Examinemos esta definición. Efectivamente, los partidos expresan un pluralismo político limitado, como exponía al principio; más aún los partidos con representación parlamentaria, que reducen a la mínima expresión la pluralidad de ideas existentes en la sociedad. Como se ve, la Constitución atribuye a los partidos no sólo la manifestación, muy discutible, de la voluntad popular, sino también el proselitismo ideológico, la manipulación para conformar esa misma voluntad popular que dicen representar.

De esta forma, la ley máxima otorga a los partidos no sólo la capacidad de representar la voluntad de la ciudadanía, sino de manipularla de acuerdo con sus intereses, de manera que se constituyen, por sí mismos, en grupos de presión (*lobbies*) con desempeño de funciones públicas; es decir, con capacidad de manejar los recursos públicos.

Los partidos se forman inicialmente como asociaciones privadas para promover los intereses de un colectivo determinado (por ejemplo, los indignados, en el caso de Podemos). Sin embargo, conforme evolucionan y se crean estructuras y cargos, empiezan a generar intereses organizativos propios que desplazan los intereses "externos" originales en favor de los intereses internos de la nueva estructura partidista, que se configura gradualmente como un sujeto propio distinto del original, del que se aleja paulatinamente. En el proceso de burocratización, pasa a ser prioritaria la propia supervivencia de la organización, del "aparato", independientemente de su eficacia representativa social decreciente. Así van convirtiéndose en entes parasitarios de la sociedad e ineficaces en gran medida para promover los intereses del colectivo promotor de su creación[107]. Por ejemplo, algunos partidos que se fundaron con un fin claro, como el PSOE, que se constituyó en 1879 para defender los intereses de los trabajadores, tras numerosas vicisitudes históricas y sin perjuicio de las

---

[107] Sánz, L.A. (20 de marzo, 2017). Susana Díaz moviliza el aparato del PSOE para derrotar a Pedro Sánchez. *El Mundo*. Recuperado de:
https://www.elmundo.es/espana/2017/03/20/58cec70a468aebdf60 8b4587.html

adaptaciones necesarias de acuerdo con la evolución de la sociedad, ha ido abandonando sus postulados originales para pasar a ser, actualmente, un conglomerado de intereses corporativos, empresariales, homosexuales y feministas radicales, a menudo alejados de los intereses de la masa obrera a quienes en teoría deberían representar[108]. Una vez convertidos en estructuras burocráticas mantenidas con recursos mixtos, fundamentalmente públicos, su función principal es mantenerse, engordar al monstruo que devora los recursos de la sociedad a la que debe servir.

Como resultado, apenas ¡uno de cada 200! españoles está afiliado a algún partido político, a pesar de que los partidos se esfuercen por maquillar las cifras de "seguimiento" y "representación" propias[109]: eso es confianza ciudadana.

---

[108] Así queda la reforma laboral: despido más barato y mayor control a los parados. (10 de setiembre, 2010). *El Mundo*. Recuperado de:
https://www.elmundo.es/mundodinero/2010/09/09/economia/128 4042795.html

[109] Bayona, E. (28 de julio, 2019). Los partidos se atribuyen ocho veces más militantes de los que admiten pagar cuotas. *Público*. Recuperado de: https://www.publico.es/politica/afiliados-partidos-atribuyen-ocho-veces-militantes-admiten-pagar-cuotas.html

Los políticos utilizan su supuesta representación social como propaganda para enmascarar sus intereses particulares, del partido como organización, y de sus miembros constituyentes, y dotarlos de un barniz de legitimidad que confunda al ciudadano, permita su aceptación e impida su reacción contra lo que realmente son: una forma encubierta de explotación de la sociedad. Siguiendo con el ejemplo anterior, Podemos, al tiempo que ha tenido un éxito electoral notable, en las dos últimas investiduras (la fallida de Pedro Sánchez en 2016 y la más reciente en julio de 2019) ha estado más preocupado en obtener cargos en la administración que incrementen su poder que en favorecer un gobierno que pudiese legislar a favor de los electores a quienes en teoría representan, y que se ven especialmente perjudicados por la parálisis gubernamental[110]: jóvenes, parados, trabajadores precarios, dependientes, desahuciados… Lo mismo puede decirse del principal implicado en la parálisis política de 2019: el PSOE, que se proclama tan progresista y preocupado por los desfavorecidos

---

[110] El bloqueo político impide el pago de muchas prestaciones por dependencia. (27 de agosto, 2019). *Telemadrid.es*. Recuperado de: http://www.telemadrid.es/programas/120-minutos/bloque-politico-impide-prestaciones-dependencia-2-2152904702--20190826045121.html

de la sociedad, y que lleva perjudicándolos gravemente con su actitud partidista desde 2016.

Cuando han de elegir, las burocracias partidistas sólo tomarán decisiones a favor del interés de su electorado, menos aún del interés general, cuando éstos no interfieran con los intereses del partido o de sus dirigentes (Figura 2). Cuando no sea así, no dudarán en sacrificar aquéllos por éstos. Un ejemplo evidente es la cerrazón del PSOE de Sánchez a negociar un gobierno tras las elecciones de abril de 2019 por pura táctica partidista[111].

Por último, la estructura y el funcionamiento de los partidos españoles no han sido "democráticos", abiertos a la participación de sus afiliados a través de elecciones primarias, hasta tiempos muy recientes, siendo habitual la designación digital (a dedo, por el mandamás de turno) de altos cargos y sucesores a puestos clave, como los escritos en el famoso "cuaderno azul" de Aznar[112], un método propio de

---

[111] Dos encuestas coinciden en que PSOE y Podemos sumarían mayoría con otras elecciones. (02 de setiembre, 2019). *La Vanguardia*. Recuperado de: https://www.lavanguardia.com/politica/20190902/47128621781/encuestas-elecciones-psoe-podemos-mayoria-absoluta.html

[112] Alcaraz, M. (24 de agosto, 2015). *El día en que Aznar abrió el cuaderno azul*. ABC. *Recuperado de:* https://www.abc.es/espana/20150823/abci-aznar-cuaderno-azul-

regímenes autoritarios que producía sonrojo ya a finales del siglo XX.

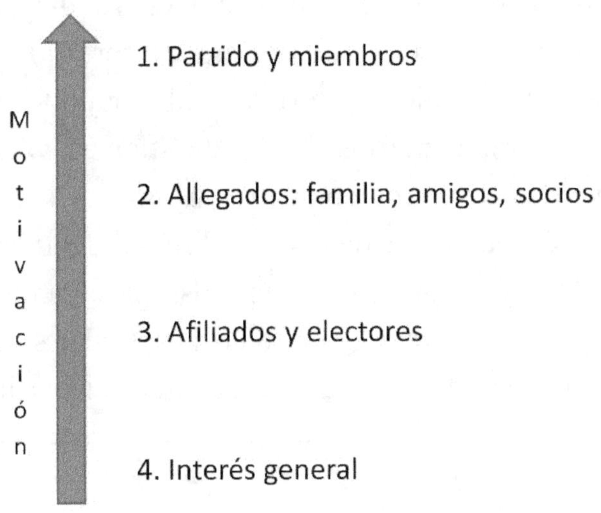

Figura 2. Orden de motivación en la actuación de los partidos políticos

En esto, afortunadamente, hemos avanzado algo en la democratización de los partidos, ya que hoy en día ya ninguno de los grandes partidos nacionales, incluido el más reticente, el PP, cuestionan las elecciones internas para elegir a sus líderes[113]. Sin

---

sucesor-201508221917.html

[113] Martínez, C. (19 de junio, 2018). Los seis candidatos a sustituir a Mariano Rajoy al frente del PP. *El Confidencial*.

embargo, cuestiones tales como la presentación de candidatos únicos a las primarias[114], la baja tolerancia a la discrepancia interna[115] o la disciplina de voto, que por una parte resulta razonable para conseguir una homogeneidad en la toma de decisiones pero que se aplica de forma rígida y coactiva al conjunto de asuntos parlamentarios[116], cuestionan el funcionamiento democrático de los partidos.

La elección de cargos de responsabilidad dentro de los partidos y, por ende, en los parlamentos, gobiernos y administraciones a todas las escalas sigue dependiendo más del seguidismo al líder del partido

---

Recuperado de: https://www.elconfidencial.com/espana/2018-06-19/candidatos-sustituir-rajoy-pp_1580688/

[114] Rubio, R. (11 de diciembre, 2018). Pablo Iglesias, único candidato a La Moncloa en las primarias de Podemos, con una lista de afines. *Europa press.es*. Recuperado de: https://www.europapress.es/nacional/noticia-pablo-iglesias-unico-candidato-moncloa-primarias-podemos-lista-afines-20181211204047.html

[115] Ellacuría, I. (29 de junio, 2019). Rivera reafirma su estrategia y reta a los críticos a formar otro partido. *La Vanguardia*. Recuperado de: https://www.lavanguardia.com/politica/20190629/463151296343/ciudadanos-crisis-albert-rivera-criticas-nuevo-partido.html

[116] Díez, A. (01 de noviembre, 2016). El PSOE expedienta a los 15 diputados que ignoraron la orden de abstención. *El País*. Recuperado de: https://elpais.com/politica/2016/10/31/actualidad/1477929488_736441.html

en cuestión que de los méritos y la capacidad de los aspirantes, de forma que se suele producir una "selección inversa" de los mediocres y serviles en detrimento de candidatos capaces y críticos, al contrario de lo que ocurre en el resto de ámbitos sociales, como la empresa privada o los escalafones técnicos de la administración pública.

Resulta ilustrativo de la mediocridad de la clase política española que hasta la moción de censura exitosa contra Mariano Rajoy en 2018, ningún presidente del gobierno de España en ejercicio hablase idiomas, algo imprescindible en cualquier empleo por modesto que sea.

Frente a políticos capaces y bien formados, que los hay (ahí tenemos a un Aitor Esteban, una Ana Oramas, un Julio Anguita, una Ana Pastor, un Íñigo Errejón, una Cristina Narbona o un Manuel Vals) los ejemplos de la baja calidad de los cargos públicos relevantes de todos los colores políticos son numerosos y vergonzantes. Algunos de ellos incluso tienen dificultades para expresarse correctamente en castellano: como Carlos Floriano, María Jesús Montero, Juan Ignacio Zoido o el propio Mariano Rajoy[117], aunque la lista de políticos incompetentes en tiempos recientes sería bastante más larga.

Los partidos no son sólo fraudulentos en cuanto a su función representativa de la sociedad, sino también ineficientes para resolver los problemas de la gente corriente[118].

Las críticas a la ineficacia de los sistemas parlamentarios no son nuevas. El sistema de mayorías mixtas en la toma de decisiones hace que, en la práctica, los partidos en el gobierno estén a merced del chantaje, el mercadeo o el bloqueo por parte de los partidos de la oposición si los primeros no son capaces de alzarse con una mayoría absoluta que les facilite (en este caso, de forma autocrática) la gobernabilidad. Cuando, como viene ocurriendo desde la irrupción de nuevas fuerzas políticas, el voto

---

[117] Lobato, X. (20 de noviembre, 2002). El Prestige se hunde y lanza otra marea negra hacia Galicia. *La Voz de Galicia*. Recuperado de:https://www.lavozdegalicia.es/noticia/galicia/2019/11/13/rumbo-erratico-prestige-pone-peligro-rias-baixas/0003157367542570564 6154.htm

Las 30 frases más míticas de Mariano Rajoy que pasarán a la historia. (14 de junio, 2017). *Antena3.com*. Recuperado de: https://www.antena3.com/liopardo/memes/las-22-frases-mas-miticas-de-mariano-rajoy-que-pasaran-a-la-historia_201706145a9566c80cf2052ee3bf7b77.html

[118] Merino, J.C. (18 de setiembre, 2019). La ineficacia de los partidos aboca a la repetición electoral. *La Vanguardia*. Recuperado de:https://www.lavanguardia.com/politica/20190918/47444707525/sanchez-reclama-mas-respaldo-en-las-urnas-el-10-n-para-superar-el-bloqueo.html

se fragmenta sustancialmente desde las dos opciones mayoritarias a cuatro o cinco, la conformación de mayorías pasa por:

a) Componendas con otros partidos para repartirse el poder, con renuncia a puntos importantes del propio programa;

b) Bloqueos parlamentarios que, por incapacidad negociadora de los líderes o por cálculos meramente partidistas, mantienen al país en una parálisis legislativa que afecta a millones de ciudadanos, a miles de empleados públicos eventuales, a la confianza empresarial, y al desarrollo económico.

Una parte importante de la ineficiencia de los gobiernos y parlamentos se debe a que los dirigentes dedican tanto o más tiempo a asuntos de partido, visibles o invisibles para el común de los ciudadanos, como organizar y atender actos, aprender y pronunciar discursos, asegurar aliados, neutralizar la disidencia interna, ensalzar los logros propios y socavar los de los partidos rivales, etc., que a resolver los problemas de la gente. Toda esa actividad partidista quita un tiempo muy importante, y muy valioso, para tomar medidas en favor de la gente. Esta "competencia por el tiempo" es especialmente manifiesta durante las campañas electorales, cuando los líderes (presidentes, alcaldes, ministros, consejeros y demás) abandonan casi por completo las tareas de gobierno y se centran en intentar convencer a los electores de lo bien que lo han hecho, o que lo pueden hacer, pese a que, irónicamente, en ese momento no estén haciendo nada por ellos.

Otro factor importante en la ineficiencia de los partidos es el "mérito percibido". La mayoría de los partidos no sólo no son mínimamente responsables para acordar medidas que mejoren la vida de la gente, sino que a menudo no colaborarán o incluso boicotearán una medida positiva para la ciudadanía si no son ellos quienes pueden recoger los frutos electorales de la medida en cuestión, por no dar méritos a los partidos rivales[119].

Sin embargo, incluso cuando están "trabajando por la gente", la inmensa mayoría de ciudadanos tampoco percibe que los políticos se ocupan de sus problemas, y que, más que resolverlos, a menudo los acrecientan y crean problemas nuevos. De hecho, los políticos y los partidos llevan ya muchos años siendo una de las

---

[119] Olías, L. (19 de febrero, 2019). Por qué Unidos Podemos y el PP han dinamitado el Pacto de Toledo sin un acuerdo sobre pensiones. *El Diario*. Recuperado de: https://www.eldiario.es/economia/Unidos-Podemos-PP-Pacto-Toledo_0_869663979.html

principales preocupaciones de los españoles tras el paro y la crisis económica, según el CIS[120].

Por poner un ejemplo de actualidad, si los gravísimos problemas derivados de la crisis económica y su mala gestión no fuesen ya suficientes, los ciudadanos asistimos atónitos a cómo los políticos se enzarzaban en una auténtica guerra verbal y judicial, aún no resuelta, a cuenta de la independencia de Cataluña, que ha socavado enormemente la convivencia en la región y a punto ha estado de generar un conflicto civil entre españoles[121]. Es decir, en lugar de aunar esfuerzos para aliviar el sufrimiento de las personas, independentistas o no independentistas, lo han agravado hasta extremos insoportables añadiendo odio y resentimiento a la desesperanza y frustración originales.

Pero como en cualquier decisión o acto de calado, la pregunta clave es ¿quién gana con la división y el

---

[120] La percepción de los políticos como un problema marca récord en el CIS. (03 de julio, 2019). *Europa press.es*. Recuperado de: https://www.europapress.es/nacional/noticia-percepcion-politicos-problema-marca-record-cis-20190703125928.html

[121] Roger, M. (18 de octubre, 2012). Puig: en caso de conflicto, "los Mossos estarán al servicio de la Generalitat". *El País*. Recuperado de: https://elpais.com/ccaa/2012/10/18/catalunya/1350512267_917413.html

enfrentamiento? ¡Bingo! En primer lugar, los políticos como clase, que se venden como imprescindibles para gestionar un desastre social que ellos mismos han generado. Y, en segundo lugar, más concretamente, algunos partidos que han medrado enormemente con la radicalización y la polarización social: en el caso expuesto, básicamente Junts per Catalunya, Esquerra Republicana y las CUP, por un lado, y el PP, Ciudadanos y Vox, por el otro. Dudo mucho que alguien que realmente ame tanto a su patria (sea la que sea) esté dispuesto a hacerla saltar en pedazos por sus propios intereses.

Y mientras los políticos medran con el conflicto, la sociedad, dividida, se las arregla para ir tirando de la mejor manera posible. Posicionada en sus trincheras ideológicas y partidistas, dispara equivocadamente sobre sus iguales, que son manipulados por las consignas de aquellos a quienes sólo les importa el poder. Conviene recordar el fabuloso desfalco a los contribuyentes catalanes, independentistas o no, de los "muy honorables padres de la patria": la familia Pujol, a través de comisiones ilegales que usaban a CiU, partido hegemónico en la política catalana desde la Transición, como vehículo en las transacciones[122].

Hay numerosos ejemplos de que los partidos hacen lo posible, por acción u omisión, por empeorar algunos problemas sociales para su propio beneficio partidista. Siguiendo con el evidente ejemplo catalán, el gobierno de aquella región lleva, al menos desde su enfrentamiento abierto con el gobierno central en 2012, dejando deteriorarse los servicios públicos básicos para canalizar la justificada ira ciudadana hacia sus intereses partidistas, culpando de tal deterioro al gobierno español, pese a que muchos de los servicios que se deterioran son competencia exclusiva del gobierno autonómico, como la educación, la sanidad, la dependencia o la seguridad pública (en este caso, compartida con el gobierno central)[123].

Otro caso palpable lo constituye la degradación notable de la sanidad pública madrileña tras más de dos décadas de recortes de medios y personal por el

---

[122] Pérez, F. (17 de agosto, 2019). La policía eleva a 290 millones la fortuna amasada por la familia Pujol en cuatro décadas de corrupción. *El País*. Recuperado de: https://elpais.com/politica/2019/08/15/actualidad/1565879983_942585.html

[123] Fita, J. (26 de noviembre, 2018). Las razones de los médicos catalanes para ir a la huelga. *La Vanguardia*. Recuperado de: https://www.lavanguardia.com/vida/20181126/453149796557/huelga-medicos-cataluna-razones.html

PP[124]. No hay que ser un genio para darse cuenta de que, si aumenta y envejece la población, aumenta el uso sanitario y que, al reducir o no reponer pérdidas materiales o de personal, se está deteriorando el sistema, aumentando las listas de espera, etc., de tal modo que los usuarios que ven derrumbarse el techo de un hospital, que deben esperar seis meses a ser operados, o a los que les ponen sábanas sucias cuando son ingresados en hospitales públicos madrileños obviamente desconfían del servicio y comienzan a proclamar que la sanidad pública no funciona, que es un desastre[125]. ¿Quién gana con ese deterioro premeditado de lo público? La empresa privada, compañeros de viaje de los políticos. Los políticos se lo sirven en bandeja y luego entran ellos a hacer negocio de la mala gestión de lo público. No es que lo público no funcione. No funciona en manos de a quien no le interesa que funcione, o de quien abusa de ello.

[124] Munárriz, A. (09 de setiembre, 2019). El gasto social de las comunidades sigue por debajo de 2009. *infoLibre*. Recuperado de: https://www.infolibre.es/noticias/politica/2019/09/10/el_gasto_soci al_las_comunidades_sigue_por_debajo_2009_98584_1012.html

[125] Rubio, T. (06 de junio, 2019). Sábanas con moho, manchas de pis y pelos pegados. *Cadenaser.com*. Recuperado de: https://cadenaser.com/emisora/2019/06/05/radio_madrid/1559755 211_971654.html

El "cuanto peor, mejor" suele ser el motor extraoficial de los partidos en la oposición. En cualquier encrucijada importante (que no conlleve una catástrofe, pues entonces la irresponsabilidad les podría salir demasiado cara electoralmente), en lugar de apoyar puntualmente al gobierno de turno, se dedican a entorpecer su labor para luego acusarlo de generar o no saber afrontar la crisis, con objeto de sacar tajada electoral. Así, ante hechos gravísimos como atentados terroristas o grandes accidentes, los partidos no se unirán para analizar errores y sacar conclusiones útiles para que no se reproduzcan en el futuro, pidiendo las responsabilidades oportunas, si las hubiere. Por el contrario, su actuación ante tales circunstancias se reducirá a culpar al partido rival, sin importar su responsabilidad real en los hechos, para desacreditarlo y derribarlo electoralmente. Es lo que ocurre en las costosas, partidistas y del todo ineficaces comisiones de investigación parlamentarias, que se han desprestigiado tanto hasta acabar siendo un puro circo cuyo único beneficio es la retransmisión televisiva de las estupideces que se cruzan unos y otros[126]. Las lecciones por lo ocurrido

---

[126] Martínez, A. (20 de noviembre, 2019). El coste de la «comisionitis»: 647.000 euros más en sueldos para sus señorías. *La*

deberán aprenderse en otra parte. La falta de patriotismo, de responsabilidad hacia la ciudadanía es alarmante.

Pero además de ser ineficaces para mejorar la vida de los ciudadanos, el sistema pluripartidista resulta tremendamente costoso, legalmente hablando. No son sólo los sueldos generosos de muchos dirigentes de primera fila, diputados, senadores, incluso alcaldes; algunos, como los de Ceuta, Hospitalet de Llobregat o Santa Coloma de Gramenet, con sueldos superiores al del Presidente del Gobierno[127]. Son también las

---

Razón. Recuperado de: https://www.larazon.es/espana/el-coste-de-la-comisionitis--647-000-euros-mas-en-sueldos-NO18167794

Asuar, B. (13 de diciembre, 2018). Iglesias, el aburrimiento a las cabras y 'La venganza de Don Mendo'. *Público*. Recuperado de: https://www.publico.es/politica/iglesias-aburrimiento-cabras-y-venganza.html

Martín-Arroyo, J. (22 de noviembre, 2012). La comisión parlamentaria sobre los ERE cierra con un fracaso. *El País*. Recuperado de: https://elpais.com/ccaa/2012/11/22/andalucia/1353610049_792925.html

Adúriz, I., Cortizo, G. y Riveiro, A. (22 de setiembre, 2018). Las comisiones de investigación en España: ¿'show' o responsabilidades políticas? *El Diario*. Recuperado de: https://www.eldiario.es/politica/comisiones-investigacion-partidos-responsabilidad-politica_0_816818463.html

[127] El sueldo de los alcaldes en España: consulta lo que cobró el tuyo durante la última legislatura. *Lasexta.com*. Recuperado de: https://www.lasexta.com/noticias/nacional/listado-sueldos-alcaldes-

prebendas varias de que gozan los políticos de todos los colores y escalas de gobierno: coches oficiales, escoltas, asesores discrecionales y dietas por numerosos conceptos que complementan amplia y, a menudo innecesariamente, esos sueldos.

Para quien piense que esos lujos adicionales tienen poco coste, veamos algunos datos: sólo el coche que usaba el ex alcalde Madrid Alberto Ruíz Gallardón costaba 591.624€, mientras que en 2009 los 15 ministros y 3 vicepresidentes tenían 280 coches oficiales a su servicio, más otros 234 sólo del Gobierno de la Junta de Andalucía[128]. Empecemos a sumar. Otro ejemplo: dietas de alojamiento en Madrid de 1.800€ al mes (que es en sí mismo un sueldo bastante superior al mediano para el común de los españoles) para diputados ¡con casa en Madrid!, incluso para el propio Presidente del Gobierno, con residencia en el Palacio de la Moncloa[129], que no

---

esto-que-cobro-cada-uno-ultima-legislatura_201905205ce289f40cf26b338c2d1783.html

[128] Fernández, D. (02 de noviembre, 2009). Nuestros 76.000 políticos nos cuestan un total de 720 millones de euros al año. *20minutos*. Recuperado de: https://www.20minutos.es/noticia/555910/0/politicos/gasto/partidos/

[129] Lobo, J.L. (20 de julio, 2012). Sáenz de Santamaría y ocho ministros también cobran "alojamiento y manutención" en Madrid.

renunció a él, incluso en los tiempos más duros de la crisis cuando desde el mismo gobierno se pedían mayores sacrificios a una ciudadanía exhausta[130]. Denominar a este comportamiento rapaz, sinvergüenza e inhumano como saqueo, pillaje o expolio de los recursos públicos no es exagerado.

El colmo de estos privilegios indiscriminados lo constituye el otorgamiento de pensiones vitalicias (más despacho, chófer y secretaria) a varios ex presidentes del gobierno nacional, y de varios gobiernos autonómicos, como el vasco, el catalán y el extremeño, tras dejar el cargo y estando aún en plenitud de facultades para continuar su vida laboral[131].

El Confidencial. Recuperado de: https://www.elconfidencial.com/espana/2012-07-20/saenz-de-santamaria-y-ocho-ministros-tambien-cobran-alojamiento-y-manutencion-en-madrid_225558/

[130] Pérez, C. (15 de setiembre, 2012). Guindos pide "sacrificios" para garantizar el Estado de bienestar. *El País*. Recuperado de: https://elpais.com/diario/1980/09/17/espana/337989604_850215.html

[131] Suárez, A.V. (23 de noviembre, 2014). PSOE y PP garantizan a Rodríguez Ibarra una 'jubilación de oro' con el 80% de su sueldo durante 12 años. *El Confidencial*. Recuperado de: https://www.elconfidencial.com/espana/2007-03-30/psoe-y-pp-garantizan-a-rodriguez-ibarra-una-jubilacion-de-oro-con-el-80-de-su-sueldo-durante-12-anos_503223/

Así viven los expresidentes españoles: pensión vitalicia, viajes gratis y despacho propio. *Cope.es*. Recuperado de: https://www.cope.es/actualidad/espana/noticias/asi-viven-los-

De hecho, algunos de ellos, como Felipe González o José María Aznar, compatibilizan su generosa pensión pública a cargo del contribuyente de nada menos que 90.000€ anuales con jugosos puestos en consejos de administración de empresas energéticas: Endesa e Iberdrola, respectivamente. Pueden renunciar a ella a cambio de un puesto cómodo y bien remunerado (en torno a 100.000€ anuales) en el Consejo de Estado, que fue la opción preferida por José Luis Rodríguez Zapatero. Estas prebendas, aparte de injustificadas, resultan insultantes en un país que ha atravesado la peor etapa económica de su historia reciente.

Hasta ahora he tratado la "ineficiencia legal" de los partidos, que toleramos por estar permitida en nuestro ordenamiento jurídico. No he hecho referencia al inmenso incremento de ineficiencia que resulta de la corrupción sistémica que afecta, en mayor o menor medida, a casi todos los partidos, y que cuesta a todos los españoles unos 90.000 millones de euros al año, casi el 8% del PIB español[132]. Los casos de

---

expresidentes-espanoles-pension-vitalicia-viajes-gratis-despacho-propio-20180604_222771

[132] La corrupción en España cuesta 90.000 millones de euros anuales, casi el 8% del PIB, según un estudio. (08 de diciembre, 2018). *ABC*. Recuperado de: https://www.abc.es/economia/abci-

corrupción que afectan a partidos a todas las escalas de gobierno son innumerables desde la Transición. A estos habría que añadir abundantes episodios cotidianos de "corrupción legal", que raramente suelen enjuiciarse, como los sobrecostes en obra pública, las amnistías fiscales o los rescates de cajas de ahorros expoliadas[133].

Éstos son sólo algunos de los ejemplos más sangrantes del expolio de los políticos hacia la ciudadanía. Huelga decir que esa ingente cantidad de recursos saqueados legal e ilegalmente podría haberse invertido en mejorar los hospitales, reducir las listas de espera, reparar las carreteras, ayudar puntualmente a los dependientes, disminuir el número de alumnos por aula, incrementar las becas al estudio, aumentar y consolidar el empleo público precario…en definitiva, en mejorar las condiciones de vida de la gente.

corrupcion-espana-cuesta-90000-millones-euros-anuales-casi-8-por-ciento-segun-estudio-201812080214_noticia.html

[133] El agujero negro de la obra pública en España: los sobrecostes. (25 de setiembre, 2017). *20minutos*. Recuperado de: https://www.20minutos.es/noticia/3143309/0/obra-publica-sobrecostes/

Garijo, M. y Sánchez, R. (07 de setiembre, 2017). DATOS | Así se repartió el dinero del rescate financiero banco a banco. *El Diario*. Recuperado de: https://www.eldiario.es/economia/DATOS-repartio-dinero-rescate-bancario_0_684182269.html

No sería exacto ni justo afirmar que los partidos no han hecho cosas positivas socialmente. Si la España actual es la mejor España de la Historia se debe, en parte, al coraje y determinación de algunos políticos valientes y competentes, al menos ante hechos concretos. Hoy no disfrutaríamos de igualdad de derechos entre hombres y mujeres, entre homosexuales y heterosexuales, de atención a la dependencia, de uno de los servicios sanitarios públicos más eficientes del Mundo, o de un 27% de territorio protegido para la conservación de la naturaleza sin las decisiones comprometidas de distintos gobiernos.

Lo que sí es más exacto es que muchos de esos avances se han debido a necesidades electorales o a posturas de fuerza por parte de colectivos sociales relevantes. Un ejemplo transparente de mejora social en forma de chantaje preelectoral lo dio el PSOE de José Luis Rodríguez Zapatero al anunciar el famoso "Cheque bebé" para fomentar una natalidad en caída libre desde hacía lustros pocas semanas antes de las elecciones de 2008 en las que pretendía salir reelegido. Otro sería la elevación del salario mínimo por el gobierno en minoría del PSOE de Pedro Sánchez previo a la convocatoria de elecciones en abril de 2019. Las inauguraciones de infraestructuras o servicios a pocas semanas de las elecciones son un clásico burdo de la propaganda política española más propio de otros tiempos y regímenes. Tal era su abuso por todos los partidos, que fueron prohibidas en 2011 en el periodo que va desde el anuncio de convocatoria de elecciones hasta su celebración para reducir su incidencia en el voto[134].

Hemos visto que la misión canalizadora de la voluntad popular de los partidos es más teórica que real, como lo son sus eslóganes de "democracia", "interés general", "igualdad ante la ley" y "cambio". Los partidos actúan en la práctica como grupos de interés que ignoran a los ciudadanos; manipulan y secuestran la voluntad popular; se apropian legal e

---

[134] Inauguraciones en campaña: obras que aún no existen. (05 de marzo, 2019). *El País*. Recuperado de:
https://elpais.com/politica/2019/03/04/actualidad/1551733743_299415.html
Prohíben las inauguraciones políticas y campañas de propaganda hasta después del 26-M. (05 de marzo, 2019). *El Periódico.*
Recuperado de:
https://www.elperiodico.com/es/politica/20190305/prohibicion-inauguracion-campanas-propaganda-26-m-7337227
Rajoy se lanza a una campaña de inauguración de infraestructuras. (01 de octubre, 2015). *Europa press.es*. Recuperado de: https://www.europapress.es/nacional/noticia-rajoy-lanza-campana-inauguracion-infraestructuras-20151001184031.html

ilegalmente de los recursos de los ciudadanos; enfrentan a los ciudadanos entre sí; producen mayoritariamente sentimientos negativos; generan más problemas de los que resuelven, y los que logran resolver, lo hacen con un coste y en un tiempo considerablemente superiores a cómo podrían resolverse. Si los partidos no representan a la ciudadanía, ni sirven para resolver sus problemas ¿para qué sirven?: Para que unas élites prosperen a costa de explotar al conjunto del país.

Hay que romper el ciclo engañoso de ilusión-decepción-frustración que ocurre inevitablemente tras cada convocatoria electoral. Los ciudadanos sabemos lo que nos conviene, tenemos intereses comunes, podemos decidir, y hacerlo mejor que nuestros políticos. No necesitamos intermediarios que desvirtúen nuestro mensaje y encarezcan nuestros servicios. Podemos gobernarnos nosotros mismos.

¿Cómo conseguir la emancipación ciudadana?

Hay muchos libros que han hecho diagnósticos del abuso de las élites en España y en otros lugares de forma mucho más profusa e informada que éste[135]. Quizás lo que este libro pueda aportar a la sociedad, más allá de ahondar en la concienciación sobre el expolio a que nos somete la clase política, es proponer medidas para superar el régimen despótico actual. Básicamente, hay que conseguir una redistribución equitativa del poder y del acceso a los recursos públicos que ponga fin al parasitismo de la clase política sobre la ciudadanía a todas las escalas administrativas. Ello conlleva una cesión de poder

---

[135] Nieto, A. 2008. *El desgobierno de lo público*. Ariel. Barcelona.

Montero, D. 2009. *La casta: el increíble chollo de ser político en España*. La Esfera de los Libros. Madrid.

Politikon. 2017. *El muro invisible. Las dificultades de ser joven en España*. Debate. Barcelona.

Preston, P. 2019. *Un pueblo traicionado. España de 1874 a nuestros días: corrupción, incompetencia política y división social*. Debate. Barcelona.

vertical, de arriba abajo (Figura 3), que puede hacerse aceptablemente de dos formas:

1) "Suave": reformista del sistema, democratizando parcialmente el sistema por cesión de una parte sustancial del poder y los recursos públicos a la ciudadanía; o

2) "Dura": sustitutiva del sistema, prescindiendo de la clase política por ineficiente y parasitaria, que pasaría a la clase ciudadana, con los mismos derechos y deberes que el resto de la sociedad no excluida. Es la opción puramente democrática. Veamos ambas en detalle.

1) Reforma profunda del régimen

La reforma profunda del régimen empoderaría considerablemente a los ciudadanos a través de mecanismos de participación directa en la acción legislativa, a la vez que limitaría enormemente el poder de la clase política mediante una serie de medidas judiciales y éticas imprescindibles:

1.1. Independencia del poder judicial respecto de los partidos.

Con objeto de garantizar la imprescindible neutralidad, independencia y profesionalidad en el ejercicio de la acción judicial, se modificaría la

Constitución para impedir cualquier injerencia del poder ejecutivo o legislativo sobre el judicial[136].

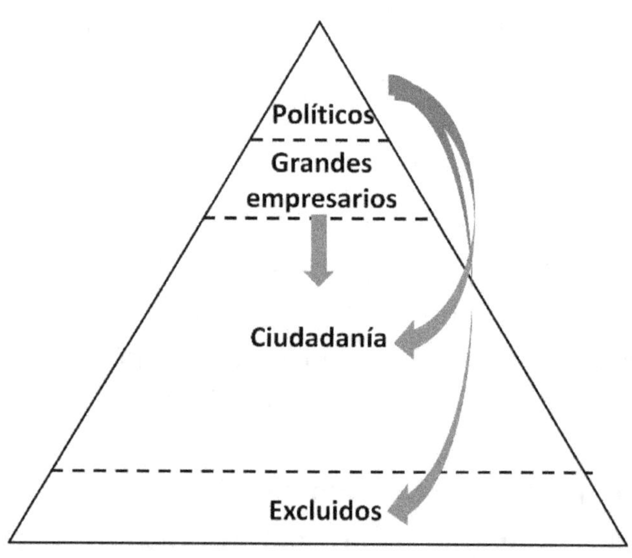

Figura 3: Propuesta democrática de distribución del poder interclasista, de arriba abajo, por disfunción grave del sistema pluripartidista

La elección de los miembros de la alta judicatura (CGPJ, Tribunal Constitucional, Tribunal Supremo y

---

[136] Gil, A. (13 de noviembre, 2019). El Consejo de Europa insiste en acabar con la elección del CGPJ por el Parlamento: "No se percibe como imparcial ni independiente". *El Diario*. Recuperado de: https://www.eldiario.es/politica/Consejo-Europa-CGPJ-Parlamento-independiente_0_963104143.html

Tribunal de Cuentas) debería hacerse en base a los criterios de igualdad, mérito y capacidad, bien por votación exclusiva de los jueces españoles entre candidatos con unos perfiles profesionales bien definidos, bien por concurso-oposición entre los candidatos con más méritos y capacidad para ejercer dichos cargos, eliminando la influencia perniciosa de los partidos en la elección de las altas instancias judiciales, que lleva a dictar sentencias en contra del interés general[137], partidistas[138] o de cuestionable legalidad[139].

Las asociaciones judiciales de orientación política (conservadoras o progresistas) se prohibirían, ya que un juez puede tener, como ciudadano, cualquier

---

[137] Marraco, J. (07 de noviembre, 2018). El Tribunal Supremo da la razón a los bancos y falla que el cliente pague el impuesto de las hipotecas. *El Mundo*. Recuperado de: https://www.elmundo.es/economia/macroeconomia/2018/11/06/5be1e1eae5fdeade218b45e2.html

[138] Yoldi, J. (23 de noviembre, 1999). El Supremo rechaza por segunda vez la relación de Felipe González con los GAL. *El País*. Recuperado de: https://elpais.com/diario/1999/11/23/espana/943311624_850215.html

[139] Varela, F. (19 de diciembre, 2019). La Justicia europea reconoce la inmunidad de Junqueras y emplaza al Supremo a pedir el suplicatorio a Estrasburgo. *infoLibre*. Recuperado de: https://www.infolibre.es/noticias/politica/2019/12/20/tjue_junqueras_inmunidad_102130_1012.html

orientación política, pero en el ejercicio de su cargo debe ser absolutamente apolítico para poder juzgar con todo el rigor y garantías a delincuentes de cualquier tendencia.

Igualmente, el Fiscal General del Estado dejaría de estar designado y cesado por el gobierno, para serlo por el parlamento, de forma que tuviese menos vinculación partidista y, por tanto, mayor independencia para perseguir los delitos contra el Estado, no contra los adversarios del gobierno, como hasta ahora[140].

Por último, los Defensores del Pueblo dejarían de ser nombrados por los Parlamentos para pasar a ser elegidos por sufragio ciudadano entre aspirantes con currículos profesionales e independencia acreditados.

Estas reformas imprescindibles garantizarían un funcionamiento saludable del Estado, de forma que las decisiones judiciales fuesen equitativas, proporcionadas, imparciales y favorables al interés general, sin sacrificarlo sistemáticamente a favor de los intereses de las élites como viene ocurriendo[141].

---

[140] Campos, M.A. (01 de junio, 2017). Fiscales Anticorrupción, sobre Moix: "El 'Atila' del Gobierno se va por estética". *Cadenaser.com*. Recuperado de: https://cadenaser.com/ser/2017/06/01/tribunales/1496317339_428299.html

1.2. Supresión de los aforamientos.

El aforamiento es un privilegio de ciertos colectivos, como los políticos, jueces, fiscales, fuerzas y cuerpos de seguridad, que les confiere la potestad de ser juzgados por tribunales especiales, distintos de los del resto de ciudadanos, tribunales cuyos miembros han sido designados por los propios partidos políticos[142], por lo cual es poco probable que vayan a dictar sentencias ejemplarizantes, siquiera justas, en su contra.

Por ello, todos los ciudadanos, políticos, jueces y grandes empresarios incluidos, deben ser juzgados con total imparcialidad por tribunales ordinarios independientes de cualquier tipo de presión o favor previo. La eliminación de aforamientos a fuerzas y cuerpos de seguridad del Estado favorecería, igualmente, que los casos de abusos policiales, cuando

---

[141] Parera, B. (08 de noviembre, 2018). "Patético es poco", "menudo escándalo": los chats de jueces arden contra el Supremo. *El Confidencial*. Recuperado de: https://www.elconfidencial.com/espana/2018-11-08/chats-jueces-contra-actuacion-supremo-hipotecas_1642029/

[142] ¿Qué es un aforado y cuántos hay en España? (16 de noviembre, 2018). *Europa press.es*. Recuperado de: https://www.europapress.es/nacional/noticia-aforado-cuantos-hay-espana-2014040190123.html

se produjesen, fuesen convenientemente castigados, minimizando la impunidad reinante[143].

Sólo de esa manera se podrá afirmar que todos los españoles somos iguales ante la ley, exceptuando la Familia Real y el Rey, para cuya figura deberían suprimirse, al menos, la inviolabilidad y la exención de responsabilidad, que eximen de repercusiones jurídicas al monarca por cualquier delito que pueda cometer, más propias de tiempos de monarquías absolutas que de una democracia del siglo XXI.

1.3. Endurecimiento ejemplarizante y disuasorio de las penas en el ejercicio de cargo público.

El hecho de que la clase política sea la única con el privilegio de hacer leyes a su medida genera que las penas por delitos cometidos en el ejercicio de sus cargos sean irrisorias, en comparación mucho menores que para el resto de la sociedad pese a sus enormes repercusiones sobre un gran número de afectados, lo que incumple uno de los principios fundamentales del derecho: el de la proporcionalidad entre el delito cometido y la pena impuesta.

---

[143] Caro, L. (03 de octubre, 2017). Los Mossos, un historial de abusos e impunidad. *ABC*. Recuperado de: https://www.abc.es/espana/abci-historial-abusos-impunidad-201710030349_noticia.html

Esta prerrogativa, junto con el manejo político del sistema judicial, la prescripción de los delitos y el privilegio gubernativo del indulto, acaba generando impunidad e incentivos para delinquir contra el patrimonio común, dadas la escasez o ausencia de condenas para ellos y la clase gran-empresarial[144].

Por todo ello, y dado el largo historial de desfalcos a la hacienda pública desde el poder político-

---

[144] El Supremo absuelve a la excúpula de la CAM de falsear las cuentas de 2010. (23 de julio, 2019). *rtve.es*. Recuperado de: http://www.rtve.es/noticias/20190723/supremo-absuelve-excupula-cam-falsear-cuentas-2010/1975966.shtml

Lantigua, I.F. (17 de julio, 2019). El Tribunal de Cuentas revoca la condena a Ana Botella por la venta de viviendas públicas a un 'fondo buitre'. *El Mundo*. Recuperado de: https://www.elmundo.es/madrid/2019/07/17/5d2f25eb21efa02632 8b46ab.html

La Generalitat concede el tercer grado a Oriol Pujol. (22 de marzo, 2019). *El Periódico*. Recuperado de: https://www.elperiodico.com/es/politica/20190322/la-generalitat-concede-el-tercer-grado-a-oriol-pujol-7368820

El Supremo confirma la multa de 155.000 euros a Moltó por falsear las cuentas de Caja Castilla-La Mancha. (19 de diciembre, 2016). *PeriódicoCLM*. Recuperado de: https://www.periodicoclm.es/articulo/sociedad/supremo-confirma-multa-155-000-euros-molto-falsear-cuentas-caja-castilla-la-mancha/20161219201346006145.html

Urdangarin sale de prisión por primera vez para hacer voluntariado. (09 de setiembre, 2019). *ABC*. Recuperado de: https://www.abc.es/espana/abci-urdangarin-sale-prision-primera-para-hacer-voluntariado-201909190826_noticia.html

empresarial, es indispensable una reforma que endurezca de forma ejemplarizante las penas por delitos en el ejercicio de cargo público con fin disuasorio. En este sentido, propondría prisión permanente revisable para delitos contra el patrimonio público (por malversación, corrupción, cohecho, fraude, amnistía fiscal, destrucción de patrimonio natural o cultural, etc.) superiores a los 300.000€, con un mínimo de 20 años para la primera revisión de la pena, así como penas de hasta 30 años y condena mínima de 10 años para delitos iguales o inferiores a 300.000€. En ambos casos, además, debería procederse a la devolución de la cantidad defraudada (o restauración del patrimonio natural o cultural, en su caso) más una multa del mismo importe.

El indulto por parte del gobierno se prohibiría, pasando a ser potestad del parlamento, que debería ratificarlo por mayoría de 4/5. En el caso de indultados por delitos contra el patrimonio público, la persona indultada sería inhabilitada de por vida para ejercer cargo público alguno. La prevaricación judicial sería estrictamente penada también con multa cuantiosa, inhabilitación mínima de 10 años, y prisión de hasta 20 años, en función de la gravedad del delito mal juzgado. Desincentivar el expolio de lo público es tan sencillo como reformar el código penal.

1.4. Imprescriptibilidad de los delitos contra el patrimonio público.

Un elemento importante de la impunidad reinante en el ejercicio de cargos públicos es el escaso tiempo de prescripción de los delitos contra el patrimonio común. Si unimos unos plazos breves para la prescripción de los delitos y unos periodos muy dilatados para el descubrimiento y denuncia de los hechos, un resultado probable es la impunidad de los delincuentes por prescripción de sus delitos[145]. Recordemos que los plazos de prescripción sólo se interrumpen cuando se inicia el procedimiento contra el presunto autor de los hechos. La última reforma del Código Penal de 2015, además, modificó el plazo de prescripción de los delitos por lo que, aunque algunos plazos se hayan ampliado, en caso de que los nuevos plazos difieran de los anteriores, se aplicarán los más beneficiosos para el delincuente[146], siguiendo el

---

[145] Hernández, M. (26 de abril, 2014). La fecha de caducidad del mal. *El Mundo*. Recuperado de:
https://www.elmundo.es/espana/2014/04/26/5358d12822601d913 48b456b.html

[146] ¿Cuándo prescriben los delitos? (15 de octubre, 2018). *Legalitas.com*. Recuperado de:

principio procesal de "*in dubio pro reo*", lo cual, en la práctica, los deja igual que estaban.

Adicionalmente, la escasez crónica de medios en los juzgados[147] añade una lentitud exasperante, a veces de muchos años, a los procesos que llegan a iniciarse, dando lugar a incumplimiento de sentencias[148], situaciones injustas para los procesados, como la prisión preventiva excesiva en caso de resultar absueltos o condenados con penas menores[149], y a una sensación general de impunidad dado el enorme

---

https://www.legalitas.com/actualidad/Cuando-prescriben-los-delitos

[147] Lopesino, A. (20 de enero, 2019). La falta de medios y recursos, entre las causas del colapso judicial. *Cadenaser.com*. Recuperado de:
https://cadenaser.com/programa/2019/01/17/hora_14_fin_de_sem ana/1547739644_851566.html

[148] Catà, J. (12 de enero, 2018). La lentitud de la justicia lastra la economía en 5.000 millones al año. *El País*. Recuperado de:
https://elpais.com/ccaa/2018/01/12/catalunya/1515791111_56398 3.html

López, L. (08 de mayo, 2013). La lentitud de la Justicia deja libre a la banda de atracadores más peligrosa de España. *El Correo*. Recuperado de:
https://www.elcorreo.com/vizcaya/v/20130508/pvasco-espana/lentitud-justicia-deja-libre-20130508.html

[149] Guindal, C. y Muñoz, T. (24 de abril, 2019). Sandro Rosell, absuelto tras pasar 643 días en prisión preventiva. *La Vanguardia*. Recuperado de:
https://www.lavanguardia.com/deportes/20190424/461839066473/ sandro-rosell-absuelto.html

desfase entre el inicio de los procesos y sus fallos. La pregunta es: ¿interesa a los potenciales delincuentes que la justicia funcione rápido y bien?

Por todo ello, los delitos contra el patrimonio común a partir de cierta cuantía (por ejemplo, 60.000€) o gravedad (como la destrucción de patrimonio natural o cultural) deberían considerarse especialmente graves y no prescribir o hacerlo, como mínimo, en el plazo máximo establecido actualmente de 20 años, de forma que el tiempo no jugase a favor de los criminales que expolian lo que es de todos.

Además, debería dotarse de medios materiales y humanos adecuados a la administración de justicia, incluida la imprescindible administración telemática de muchos trámites, de forma que puedan dictarse sentencias justas en plazos razonables, no superiores en ningún caso a los dos años desde el inicio del proceso, que es el plazo máximo de prisión preventiva en España. De esa forma, se evitarían disfunciones graves del sistema como la puesta en libertad de criminales por la extinción del tiempo máximo de su prisión preventiva sin emitirse una sentencia firme[150].

---

[150] Chaparro, J. (14 de febrero, 2019). Decenas de narcos detenidos pueden quedar libres por el colapso judicial. *EuropaSur*.

1.5. Reconocimiento público y compensación a los denunciantes de corrupción.

Vivimos en un Estado que protege al delincuente de altas esferas y persigue al denunciante del expolio de lo público. Actualmente, un empleado público o privado que, haciendo gala de valentía y responsabilidad social, denuncie un mal uso de los recursos públicos no sólo no es recompensado, sino que es represaliado con amenazas, acoso, e incluso con la pérdida de su puesto de trabajo y medios de vida[151]. Así resulta muy complicado, casi heroico, destapar la corrupción. Por ello, y siguiendo la línea de otros países menos tolerantes con el saqueo de lo público, como EEUU, debería establecerse una norma que, por una parte, protegiese laboral y físicamente (con escolta estatal, en caso necesario) a los denunciantes de casos de corrupción[152], de forma que

Recuperado de: https://www.europasur.es/campo-de-gibraltar/Decenas-narcos-detenidos-colapso-judicial_0_1327667809.html

[151] Gómez, J.A. (06 de noviembre, 2019). Denunciantes de corrupción: víctimas de sus propias denuncias. *Diario16*. Recuperado de: https://diario16.com/denunciantes-de-corrupcion-victimas-de-sus-propias-denuncias/

[152] Castillo, C. (13 de junio, 2019). Así es cómo el anglicismo "whistleblower" torpedea una ley que todos los partidos apoyan. *El Diario*. Recuperado de: https://www.eldiario.es/tecnologia/traduccion-tecnicismo-

no hubiese el temor actual a las repercusiones de actuar contra el fraude y, por otra, recompensase a estos denunciantes con un reconocimiento público (como la medalla al mérito civil) y pecuniario con, por ejemplo, el 10% de la suma recuperada tras la sentencia judicial firme.

De esta forma, no sólo se eliminarían las trabas actuales a denunciar la corrupción, sino que se incentivarían los comportamientos cívicos y socialmente solidarios en defensa del patrimonio público.

1.6. Regulación estricta y baremada de los salarios de los cargos públicos.

No es razonable que alguien que gestiona recursos escasos que son de todos y que han de cubrir una amplia gama de necesidades sociales los manejen arbitraria e irresponsablemente para enriquecerse, ignorando las condiciones de vida de los ciudadanos. Parece más sensato que, si el fin de la política es mejorar la vida de la gente, se dediquen todos los recursos posibles a ese fin. Por ello, los salarios de los cargos públicos deberían ser suficientes para no hacerlos dependientes de tentaciones corruptas, pero proporcionados a los salarios medianos de la ciudadanía. En consecuencia, los sueldos de los políticos deberían ligarse a los salarios de ésta, como al SMI o al salario mediano de los españoles o de las regiones o ayuntamientos donde gobiernan. Ligando sus salarios a los de los ciudadanos que "representan", los políticos serían los primeros interesados en promover subidas de salarios siempre que fuesen factibles y no habría la enorme desigualdad existente en la actualidad. Una propuesta genérica razonable sería de 3 SMI o 2 salarios medianos netos[153].

Los sueldos de los cargos públicos deben estar baremados en la Constitución, disminuyendo desde los de mayor nivel de responsabilidad a los de menor (Tabla 1), para evitar los disparates actuales cuando un alcalde de una ciudad mediana puede cobrar más que el Presidente del Gobierno[154].

---

[153] ¿Cómo son los sueldos de los españoles? El más frecuente es de 17.482 euros y los vascos tienen los más altos. (21 de junio, 2019). *El Mundo*. Recuperado de:
https://www.elmundo.es/economia/macroeconomia/2019/06/21/5d0cc8c7fdddffd7bf8b4689.html

[154] ¿Cuánto cobró el alcalde de tu Ayuntamiento en 2017? (05 de octubre, 2018). *El País*. Recuperado de:
https://elpais.com/especiales/2018/sueldo-alcaldes/

Así los mejor pagados serían los presidentes del gobierno de España y de los tribunales Supremo, Constitucional y de Cuentas, con un sueldo anual de 100.000€. Luego irían los presidentes autonómicos, presidentes de los TSJ y Ministros, con 80.000€ anuales, y de ahí, para abajo. Los salarios se actualizarían con el IPC (al alza o a la baja) y cualquier modificación adicional debería ser aprobada por 4/5 del parlamento y ratificada en referendo vinculante por la población afectada (por ejemplo, por los ciudadanos de Barcelona, para el sueldo de sus concejales y alcalde).

Nivel de responsabilidad	Cargo	Salario anual neto
1	Presidente del Gobierno de España; Presidente del TS; Presidente del TC; Presidente del Tribunal de Cuentas	100.000€
2	Presidentes autonómicos; Presidentes de TSJ; Ministros	80.000€
3	Consejeros Autonómicos; Fiscal	60.000€

	General del Estado; Defensor del Pueblo	
4	Presidentes de grandes corporaciones municipales (>500.000 habitantes); Gobernador del BE; líderes de partidos	50.000€
5	Concejales de grandes corporaciones municipales; Presidentes de corporaciones municipales medianas (entre 100.000-500.000 habitantes); Diputados	40.000€

Tabla 1: Propuesta de baremo de sueldos de cargos públicos electivos

Igualmente, las dietas, coches oficiales, secretarias y demás aditivos al salario con cargo al erario público deberían justificarse escrupulosamente, y no ser otorgados por defecto, como viene ocurriendo hasta ahora[155]. Se prohibiría la acumulación de sueldos

---

[155] Lobo, J.L. (20 de julio, 2012). Sáenz de Santamaría y ocho ministros también cobran "alojamiento y manutención" en Madrid. *El Confidencial.* Recuperado de:
https://www.elconfidencial.com/espana/2012-07-20/saenz-de-santamaria-y-ocho-ministros-tambien-cobran-alojamiento-y-manutencion-en-madrid_225558/

públicos sobre una misma persona, que podría acumular distintos cargos, pero con uno solo de los sueldos públicos, para evitar excesos[156]. Además, cualquier sueldo público sería incompatible con un sueldo privado en el ejercicio de cargos electivos con objeto de evitar influencias indeseables de la empresa privada en la voluntad de los servidores públicos.

Para animar al cumplimiento eficiente y esforzado del trabajo en pro de la ciudadanía, para los cargos de mayor responsabilidad (presidentes, ministros y equivalentes y líderes de partidos) podría establecerse, adicionalmente a su salario base, un sistema de incentivos salariales adicionales (por ejemplo, extras del 10% del sueldo anual en el primer mes del año siguiente) individualizados y dependientes de la valoración de su trabajo anual por parte de la población concernida, que podría votar a favor o en contra de tales aumentos por internet en función de su desempeño.

De esta manera, 1) se establecerían unas escalas de salarios coherentes en función del nivel de

---

[156] Junquera, N. (02 de enero, 2017). La acumulación de cargos de Cospedal agita el congreso nacional del PP. *El País*. Recuperado de:https://elpais.com/politica/2017/01/01/actualidad/1483293277_067653.html

responsabilidad; 2) se evitarían abusos y desigualdades aberrantes en los salarios entre clases sociales; 3) se garantizarían sueldos suficientes que hiciesen poco atractiva la corrupción; 4) se incentivaría que quien tome la responsabilidad de dirigir las vidas de los ciudadanos lo hace para beneficiarlos, no para enriquecerse; y 5) se incentivaría el trabajo de los cargos públicos a favor de las condiciones de vida de la gente.

1.7. Facilitación y ampliación temática de la participación ciudadana en la acción legislativa. Refrendo ciudadano vinculante de normas de alto impacto sobre el bienestar social.

Los limitadísimos supuestos actuales de la ILP se ampliarían a todos los aspectos sociales y económicos, dada una cantidad de apoyos suficientes a diferentes escalas, cuya recopilación se facilitaría por medios telemáticos seguros, tipo recogida de firmas en línea. Por ejemplo, 500.000 avales para admitir a trámite una reforma a escala nacional, 100.000 para una reforma a escala autonómica, 50.000 para una a escala provincial, y 10.000 para una a escala municipal (para municipios de más de 100.000 habitantes). Los respectivos parlamentos podrían introducir enmiendas consensuadas con los proponentes, y sólo podrían rechazarlas razonadamente y por mayoría de 3/5.

Al mismo tiempo, las iniciativas de mayor rango (Leyes, Decretos u ordenanzas) surgidas de los parlamentos, excepto aquéllas de índole meramente administrativo, podrían ser sometidas obligatoriamente al referendo popular por la solicitud de un 10% de los parlamentarios electos.

Las normas que atañan a la estructura del Estado, Justicia, Partidos, Presupuestos, o libertades civiles deberán ser sometidas a referendo popular, debiendo ser enmendadas o retiradas de no obtener una mayoría cualificada de dos tercios del electorado.

Buena parte de los abusos que han cometido las élites desde la Transición se deben al desconocimiento del derecho por parte de la ciudadanía. Para el poder, un pueblo bien informado y consciente de sus derechos es peligroso para sus intereses. Quizás a ello se deba el estado lamentable de la educación, la ciencia y la cultura en España[157].

---

[157] Torres, A. (04 de diciembre, 2019). Informe PISA: España obtiene sus peores resultados en ciencias y se estanca en matemáticas. *El País*. Recuperado de: https://elpais.com/sociedad/2019/12/03/actualidad/1575328003_039914.html

Para elevar el nivel formativo de la ciudadanía en derecho y economía y fomentar la participación pública informada a medio plazo, se introduciría en el sistema educativo, desde secundaria, una asignatura obligatoria sobre "Educación política, cívica, económica y participación pública", impartida en un mínimo de tres cursos escolares, de forma que una vez terminada la formación obligatoria, todos los ciudadanos tuviesen conocimiento suficiente del funcionamiento del sistema parlamentario, de sus derechos y deberes, de las formas habilitadas para su participación en el mismo, de economía y finanzas, y de derechos humanos. Así se construiría una ciudadanía responsable y concienciada, reduciéndose el riesgo de nuevos abusos de las élites[158].

1.8. Representación electoral igualitaria de todos los ciudadanos por circunscripción nacional única.

---

[158] Principales cláusulas bancarias declaradas abusivas por los tribunales. (16 de setiembre, 2019). *Iberley.es*. Recuperado de: https://www.iberley.es/temas/principales-clausulas-bancarias-declaradas-abusivas-tribunales-62615

Sánchez estaría dispuesto a "erradicar los privilegios" de los políticos, como las pensiones de los diputados. (13 de enero, 2018). *rtve.es*. Recuperado de: http://www.rtve.es/noticias/20180113/sanchez-estaria-dispuesto-erradicar-privilegios-politicos-como-pensiones-diputados/1659500.shtml

Una ley electoral verdaderamente proporcional de circunscripción única para todo el país y umbral de representación del 5% otorgaría una verdadera representación de la voluntad popular, limitaría la influencia desproporcionada de partidos nacionalistas minoritarios (que con un 1% del voto en el conjunto del país pueden tener una fuerza decisiva en el parlamento) y forzaría a partidos regionales a ampliar su programa para el conjunto de la ciudadanía para no quedar restringidos a sus respectivos parlamentos autonómicos. No es razonable, como ha ocurrido en repetidas elecciones, que partidos con un porcentaje de voto en torno al 5% en todo el país y con un programa para el conjunto de la ciudadanía española como IU o UPyD obtengan muchos menos diputados que otros con porcentajes de voto tres veces menores y con programas exclusivos para una minoría regional, como el PNV o ERC[159].

Adicionalmente, la ley electoral vigente beneficia desproporcionadamente a los partidos mayoritarios (PP y PSOE) en el reparto de escaños a costa de

---

[159] Águeda, P. (20 de diciembre, 2015). IU vuelve a ser el partido más perjudicado por la ley electoral: cada diputado le cuesta 8 veces más votos que al PP. *El Diario*. Recuperado de: https://www.eldiario.es/politica/IU-formacion-perjudicada-diputado-PP_0_464754378.html

partidos medianos de ámbito nacional, como los propios IU, UPyD, Podemos, Ciudadanos o Vox[160]. En su forma actual, hay votantes que valen más que otros, incidiendo en la desigualdad territorial y el desapoderamiento de ciertos colectivos. Sin embargo, si todos los ciudadanos tenemos los mismos derechos, nuestro voto ha de valer lo mismo. Lo demás son privilegios que crean ciudadanos de primera y de segunda clase.

1.9. Establecimiento de un umbral mínimo de participación democrática.

Una democracia representativa se ve deslegitimada si a los ciudadanos no se les facilitan los medios para elegir a sus representantes o si, por alguna u otra razón, aquéllos no ejercen ese derecho.

Con el objetivo de promover una mayor participación ciudadana en las decisiones públicas e incentivarla positivamente por parte de los representantes electos de cara a aumentar la representatividad social y legitimidad de las medidas sometidas a consulta, deberían fijarse suelos de

---

[160] Lorente, J. (29 de noviembre, 2019). La ley D'Hont frena el «efecto Vox». *La Razón*. Recuperado de:
https://www.larazon.es/espana/la-ley-dhont-frena-el-efecto-vox-GD21994002

participación de al menos el 70% tanto en la elección de representantes como en referendos. De no alcanzarse tal umbral, la consulta se declararía nula, y debería repetirse hasta alcanzar dicha cifra, interrumpiendo el proceso en cuestión.

La posibilidad de bloqueo ciudadano por abstención de la propuesta concernida serviría de acicate para que los políticos se esforzasen en acercar su mensaje y fomentar la participación democrática de la ciudadanía, a favor o en contra de la medida concreta.

Para facilitar la participación ciudadana en procesos consultivos y electorales, se habilitaría, además del voto presencial, el voto telemático seguro, que debería utilizarse de forma preferente en todas las consultas. De esa forma, la mayoría de electores se verían capacitados para participar cómodamente en las decisiones que les afectan.

1.10. Duración limitada a dos periodos discontinuos de 5 años de todos los cargos públicos electivos.

Esta medida persigue, por una parte, impedir la consolidación de una élite al mando del país y, por otra, evitar el afianzamiento de vínculos clientelistas entre la clase política y la empresarial, como ha ocurrido históricamente a menudo tras la repetición de mandatos[161]. Por eso, propongo la ampliación de los mandatos a 5 años, tiempo suficiente para desarrollar medidas positivas para la gente, y un máximo de dos mandatos discontinuos, separados por al menos 5 años, en los que el político debe reingresar en la clase ciudadana, al igual que al finalizar su mandato.

1.11. Prohibición del trato de favor de la gran empresa a políticos en activo y partidos, y viceversa.

Una ley orgánica prohibiría el trato de favor de la banca a los partidos y los políticos, y les trataría con la misma deferencia y condiciones que al resto de su cartera de clientes. La concesión de créditos en condiciones extraordinarias o la condonación de deudas estarían expresamente prohibidas, se contemplarían como infracciones muy graves si superasen los 100.000€, y conllevarían multa a cada parte por el doble del valor prestado o condonado, inhabilitación durante 5 años y hasta 20 años de prisión en el caso de grandes créditos y condonaciones (más de 300.000€).

---

[161] Tahull, J. (2017). El fenómeno social del clientelismo en España. *Revista Internacional de Investigación en Ciencias Sociales,* 13: 93-111.

Los fichajes de políticos por grandes empresas no podrían hacerse hasta pasados 5 años desde su último ejercicio como cargo público. Así se evitaría la influencia de la clase gran empresarial sobre políticos en activo y se reduciría considerablemente el atractivo de los políticos mediocres para la gran empresa después de cinco años sin desempeñar cargo público alguno, por la merma de contactos influyentes en sus agendas.

Los políticos, por su parte, no podrían tomar medidas a favor de la gran empresa que perjudiquen el interés general, como amnistías fiscales, so pena de incurrir en prevaricación, penada con multa de 500.000-1.000.000€, inhabilitación perpetua para cargo público y prisión de hasta 20 años, en función de la gravedad del daño social causado.

Con estas medidas, se rompería la cadena de favores y privilegios que ata actualmente a la clase política y gran empresarial en perjuicio de la ciudadanía.

1.12. Programas electorales jurídicamente vinculantes.

Quizás el artículo constitucional más lesivo para los intereses de la ciudadanía en una democracia representativa sea el que prohíbe el mandato imperativo[162], mediante el cual los representantes ciudadanos deberían atenerse escrupulosamente a lo "contratado" con sus electores, bajo sanción en caso contrario. El incumplimiento de los programas electorales y la traición a la confianza del electorado actualmente no tienen ninguna repercusión, más allá del cambio del sentido del voto que en nada afecta al funcionamiento engañoso e irresponsable del sistema. El "voto de castigo" irá de un partido tramposo a otro, y vuelta a empezar.

No es razonable que las personas con más responsabilidad del país no rindan cuentas por su gestión. Por ello, propongo que el incumplimiento de más del 25% del programa electoral al finalizar la legislatura, evaluado a través de indicadores medibles para cada propuesta y ministerio, serviría para la inhabilitación para cargo público de los miembros del gobierno responsables del incumplimiento.

1.13. Eliminación de instituciones superfluas y reducción de cargos públicos innecesarios.

Se suprimirían las Diputaciones provinciales, los Consejos de Estado y Consejos Autonómicos, y multitud de entes superfluos o redundantes

---

[162] Art. 67.2 CE.

(observatorios, TVEs locales y algunas autonómicas, en el caso de existir más de una, institutos meteorológicos autonómicos, sedes exteriores, etc.), con el consiguiente ahorro al contribuyente. El Senado podría bien convertirse en una verdadera cámara de representación territorial (autonómica) donde los senadores fuesen elegidos por votación popular entre los ciudadanos de sus comunidades, con funciones relevantes y capacidad legislativa independiente del Congreso en materia estatutaria, competencial y de coordinación nacional de políticas descentralizadas, o bien suprimirse igualmente en su forma actual.

Asimismo, se eliminarían los privilegios actuales de los ex presidentes nacionales, autonómicos y locales, como la pensión vitalicia, que se podría prolongar durante un máximo de 3 años desde que dejan el cargo, y que se correspondería con la pensión contributiva máxima en ese momento en España. Asimismo, percibir esta pensión transitoria sería incompatible con cualquier otra remuneración pública o privada, excepto las procedentes de la explotación de obras culturales propias. Igualmente, tras dejar el cargo, perderían derecho a chófer, coche oficial, secretaria y despacho con cargo a fondos públicos.

Otros entes que han venido funcionando deficitariamente, como el Banco de España[163], se reformarían en profundidad, reduciendo su estructura y salarios.

1.14. Despolitización de organismos necesarios para el funcionamiento del Estado.

La selección del personal de ciertos organismos que cumplen (al menos, en teoría) funciones de utilidad para los ciudadanos, como el Banco de España, en su papel regulador de la actividad bancaria y financiera, debe despolitizarse por completo, evitando las injerencias partidistas en su funcionamiento. El Gobernador del banco de España debería ser elegido entre profesionales acreditados por mayoría de 4/5 del Parlamento.

Lo mismo debe ocurrir con los altos cargos de las televisiones y radios públicas, evitando la mala práctica común de ser elegidos por los partidos en el gobierno, que da lugar a manipulación y propaganda partidista con fondos públicos[164].

---

[163] Maqueda, A. (09 de setiembre, 2018). España, retrato de un fracaso anunciado. *El País*. Recuperado de: https://elpais.com/economia/2018/09/06/actualidad/1536249008_091159.html

[164] Martiarena, A. (31 de mayo, 2018). Telemadrid remonta tras abandonar su politización. *La Vanguardia*. Recuperado de:

No sólo los dirigentes de estos organismos deben elegirse por concurso público según los principios de igualdad, mérito y capacidad que se requieren para cualquier empleado público. La contratación del resto de trabajadores de dichos organismos debe regirse por las mismas normas, que evitarían los abundantes casos de enchufismo de personas poco idóneas para ejercer esos puestos[165].

1.15. Prohibición de cargos de confianza y libre elección, con excepción de los equipos de gobierno.

Los cargos públicos de asesoramiento actualmente provistos por designación directa deberían ser escogidos por concurso o concurso-oposición por

https://www.lavanguardia.com/local/madrid/20180531/443943834607/telemadrid-remonta-abandonar-politizacion-manipulacion.html

La Eurocámara pide explicaciones al Gobierno por las denuncias de falta de pluralidad en RTVE. (16 de mayo, 2018). *rtve.es*. Recuperado de: http://www.rtve.es/noticias/20180516/parlamento-europeo-pide-explicaciones-gobierno-denuncias-falta-pluralidad-rtve/1734705.shtml

La Eurocámara seguirá investigando si hay manipulación informativa en TV3. (22 de enero, 2019). *Europa press*. Recuperado de: https://www.europapress.es/sociedad/noticia-eurocamara-seguira-investigando-si-hay-manipulacion-informativa-tv3-20190122190646.html

[165] TVE paga más de 300.000 euros a la 'redacción paralela' de Informativos. (17 de marzo, 2016). *La Vanguardia*. Recuperado de: https://www.lavanguardia.com/television/20160317/40498872538/tve-redaccion-paralela-informativos-directivos-sueldo-escandalo.html

tribunales independientes según los principios de igualdad, mérito y capacidad. Se prohibiría la adjudicación de cargos públicos por libre designación, con la única excepción de los presidentes, que podrían escoger libremente sólo a sus equipos de gobierno (ministros, consejeros, concejales). De esta forma se neutralizarían el enchufismo y la politización tan arraigados en España, tanto en el sector público como en el privado, y se garantizaría que sólo los más aptos llegasen a ocupar cargos para trabajar por la ciudadanía.

1.16. Obligatoriedad de listas electorales abiertas.

Actualmente, las listas al Congreso son cerradas. Se proponen docenas de nombres para un mismo partido y se otorga el voto a todos ellos, independientemente de su capacidad, honestidad o desagrado particular que cada uno suscite en el ciudadano. Si alguno de los candidatos propuestos no es de la simpatía del votante, sólo le cabe votar a otro partido. Es el "todo o nada", muy poco democrático. Por ello, las listas electorales deberían ser abiertas, como las del Senado actual, de forma que el votante pueda elegir no sólo siglas, sino personas particulares de su confianza y que sean identificables por sus actos en el ejercicio del cargo, de cara a una saludable rendición de cuentas. De esa forma, los ineptos o corruptos no podrían esconderse en las listas del partido y responderían de forma individualizada por su gestión.

A cada parlamentario electo debería exigírsele responsabilidad por su desempeño mediante un "examen de actividad parlamentaria" que mostrase públicamente el trabajo realizado por cada diputado cada año y en cada legislatura, de forma que se amonestase económicamente o se expulsase a los "diputados fantasma" con poco o nulo rendimiento[166].

1.17. Eliminación de subvenciones públicas a fundaciones ligadas a partidos políticos.

Las fundaciones son un vehículo proselitista de los partidos para seguir exprimiendo los recursos públicos y colocar a sus afines[167], por lo que podrían seguir funcionando, pero sin financiación pública.

---

[166] Ruíz, M. (05 de enero, 2018). El Congreso cerró el 2017 con mucha actividad política pero poca legislativa. *El Periódico*. Recuperado de:
https://www.elperiodico.com/es/politica/20180105/el-congreso-cerro-el-2017-con-mucha-actividad-politica-pero-poca-legislativa-6530406

[167] Sarriés, N. (10 de diciembre, 2014). Fundaciones afines a PP y PSOE reciben más de 14 millones de euros en subvenciones públicas. *20minutos*. Recuperado de:
https://www.20minutos.es/noticia/2321073/0/subvenciones-fundaciones/partidos-politicos/pp-psoe/

Los partidos deberían seguir obteniendo al menos un 50% de financiación pública para su mantenimiento, con límites en función del número de sus cargos electos, para que puedan conservar cierta independencia respecto de donantes privados, que podrían apropiarse de ellos[168].

1.18. Obligatoriedad de elecciones primarias directas para acceso a los cargos directivos de los partidos y de posibilidad de procedimiento revocatorio.

El artículo 6 de la CE establece que la estructura interna y el funcionamiento de los partidos políticos han de ser democráticos. Sin embargo, su funcionamiento democrático actual, pese a algunos avances, sigue siendo deficiente. Los vehículos de la participación democrática ciudadana no pueden funcionar como una empresa o una secta en las cuales el líder, o un pequeño círculo de poder, toma decisiones y los demás obedecen.

---

[168] Medina, A. (07 de octubre, 2018). Los partidos políticos apenas recaudan el 10% de sus fondos por cuotas de afiliados. *La Información*. Recuperado de:
https://www.lainformacion.com/economia-negocios-y-finanzas/los-partidos-politicos-apenas-recaudan-el-10-de-sus-fondos-por-cuotas-de-afiliados/6424680/

Los partidos, para ser legítimos, aparte de representar fielmente los intereses de sus electores, deben ser el paradigma de funcionamiento democrático, con elecciones periódicas de sus cargos directivos y apertura a debatir e incorporar ideas y corrientes diversas dentro del mismo proyecto político.

Por ello, las elecciones primarias a las direcciones de todos los partidos deben ser reguladas de forma obligatoria por ley, de manera que sean los propios afiliados, o el censo electoral que determine cada partido de forma representativa quienes directamente elijan a sus líderes, sin compromisarios que vehiculen los intereses ocultos de determinadas facciones y pacten los resultados entre bambalinas, alterando la voluntad de los electores[169].

Asimismo, le ley debería establecer obligatoriamente un mecanismo de revocación del cargo, antes del vencimiento formal del mismo, de dirigentes incompetentes, abusadores o desleales con

---

[169] ¿Quiénes son los compromisarios que elegirán al nuevo líder del PP? (19 de julio, 2018). *ABC*. Recuperado de: https://www.abc.es/espana/abci-quienes-compromisarios-elegiran-nuevo-lider-pp-201807190330_noticia.html?ref=https%3A%2F%2Fwww.google.com%2F

las directrices de las bases del partido. De esta forma, un 30% de los afiliados o simpatizantes de un partido debería tener la posibilidad de poner en marcha, al menos una vez al año, el mecanismo para revocar a sus cargos dirigentes incorporando una propuesta de nuevos candidatos a ocuparlos y sometiéndolo a votación de todo el censo partidista, en un procedimiento similar al de la moción de censura parlamentaria.

Estas medidas no son pedir la luna. Son reformas perfectamente factibles modificando algunas normas, incluida la Constitución. Dependen, eso sí, de la necesaria voluntad política de abordar los problemas del país. Una prueba de lo sencillo que es reformar normas, incluida la Constitución, si hay voluntad política, es la reforma exprés de la Constitución que realizaron de mutuo acuerdo el PSOE y el PP en pocos días para modificar el artículo 135, sin consultar con la ciudadanía, en otra muestra palpable del poco interés en escuchar y defender los intereses de los ciudadanos a los que teóricamente representan[170].

[170] Gutiérrez, V. (23 de agosto, 2011). Reforma exprés y sin referéndum. *El País*. Recuperado de:

Es evidente que un Estado donde las condiciones anteriores se den, sería mucho más eficaz, justo, eficiente y funcional que el actual, incluso sin dejar de ser una partitocracia. En esas condiciones, una sustitución del sistema puede no ser necesaria. Aún así, las élites no van a aprobar medidas que restrinjan sus privilegios fácilmente, por lo que no debe descartarse una medida rupturista que sustituya el régimen oligocrático actual si se niega a reformarse democráticamente en profundidad sobre las bases anteriormente expuestas.

2) Sustitución de la partitocracia por una democracia

La reforma profunda del régimen actual bajo las premisas anteriores ayudaría a democratizarlo y hacerlo funcional, pero seguiría sin ser una verdadera democracia donde cada ciudadano tenga posibilidades reales de influir directamente en todos los asuntos públicos.

El objeto principal de la *democratización* es eliminar la élite política como clase social y asimilarla en derechos y deberes al conjunto de la

https://elpais.com/politica/2011/08/23/actualidad/1314128715_080054.html

ciudadanía. Seguiría habiendo política, por supuesto, pero no sería ejercida por una élite extractiva que explota a los ciudadanos, sino por un grupo aleatorio, rotativo y temporal de ciudadanos representativos del conjunto de la sociedad, en el caso del parlamento, o por profesionales excepcionalmente cualificados, en el caso del gobierno.

2.1. El parlamento democrático.

El parlamento estaría formado por ciudadanos en plenas facultades mentales mayores de 18 años elegidos por sorteo aleatorio simple entre toda la población española durante un periodo de un año, improrrogable. De esta forma el parlamento sería un reflejo fiel del conjunto de la sociedad, con todo tipo de ideas, creencias, formaciones y profesiones representadas: jardineros, parados, estudiantes, científicos, empresarios, albañiles, pensionistas, camareros, rentistas, amas de casa, autónomos, ingenieros, artistas…

Cada año se realizaría el sorteo de parlamentarios del año siguiente en noviembre. Durante diciembre, los elegidos del año siguiente seguirían un curso intensivo específico de formación sobre derecho, política y funcionamiento parlamentario para poder desarrollar plenamente sus funciones, y comenzarían a operar el 1 enero del año siguiente hasta la disolución del parlamento, el 31 de diciembre. Dicho curso sería adicional a los tres cursos de formación básica en "Educación política, cívica, económica y participación pública" enunciada anteriormente para todos los escolares de secundaria.

El número de parlamentarios se reduciría de los 350 actuales a un número entre 250-300, distribuidos en comisiones sectoriales de 15 miembros; por ejemplo, sobre las siguientes materias:

- Cultura.
- Economía.
- Medio Ambiente.
- Interior.
- Defensa.
- Industria.
- Derechos, bienestar y felicidad ciudadana.
- Energía.
- Educación.
- Sanidad.
- Agricultura.
- Pesca.
- Medio rural.
- Innovación y ciencia.
- Digitalización.

- ➢ Ética.
- ➢ Exteriores.
- ➢ Infraestructuras.

Cada comisión tendría un presidente, elegidos entre sus miembros por sus méritos y capacidad, que se encargaría de coordinar los trabajos y de, en su caso, aplicar el régimen disciplinario a los miembros que no cumpliesen con sus tareas. La penalización a miembros de las comisiones que no realizasen adecuadamente sus tareas (absentismo, retrasos continuados, desinterés, etc.) se acordaría por mayoría simple de los miembros de la misma y podría conllevar la expulsión de la comisión y la inhabilitación permanente como parlamentario.

La corrupción estaría penada con multa del doble de lo defraudado, inhabilitación y prisión a partir de los 10.000€. Los casos intencionados con perjuicio a la hacienda pública o al patrimonio superiores a 100.000€ se penalizarán con prisión permanente, revisable sólo tras los primeros 15 años.

Los miembros elegidos por sorteo podrían renunciar voluntariamente a su cargo antes del inicio de sus funciones, en cuyo caso, otro ciudadano sería elegido para sustituirlo. Los ciudadanos con antecedentes penales no podrían ser elegidos hasta pasados 5 años desde el final de su condena ordinaria. En cada comisión, habría 15 parlamentarios suplentes, que reemplazarían a los elegidos en casos de fuerza mayor durante el ejercicio de sus funciones: enfermedad grave, incapacidad, destitución, muerte, etc.

Cada parlamentario se asignaría a una comisión por su: 1) formación y experiencia previas; e 2) interés por la materia, como forma de profesionalizar y hacer atractivo el trabajo de los miembros. Las cuestiones transversales (por ejemplo, el modelo de país) se tratarían en el pleno.

Un mismo miembro que hubiese participado durante una legislatura parlamentaria no podría ser elegido de nuevo antes de 5 años desde el fin de su participación. De esta forma se aseguraría una correcta rotación del poder entre la ciudadanía y se evitaría la formación de redes clientelares.

Los miembros en activo que fuesen llamados a formar parte del parlamento de ese año tendrían derecho a 13 meses de excedencia no remunerada en sus respectivos trabajos, y un sueldo público de 3 SMIs netos. Los presidentes de las comisiones tendrían un plus del 10% al finalizar exitosamente su periodo legislativo.

Para facilitar la participación democrática a todos los ciudadanos, a los autónomos se les compensaría el año de prestación de servicio público con una ayuda de 1.200€/mensuales durante los primeros 6 meses para el reinicio de su actividad. Igualmente, a los electos con hijos pequeños o dependientes a su cargo se les facilitaría asistencia pública para realizar sus labores durante el ejercicio de su actividad parlamentaria y el mes de formación previo.

La jornada parlamentaria sería de 40 horas semanales. En casos de urgencia bien justificados, podría aumentarse hasta las 50 horas semanales, o 10 diarias, con compensación de un día libre la siguiente semana. Se fomentaría el teletrabajo y el trabajo por objetivos, que serían establecidos por los presidentes de las comisiones, de acuerdo con los miembros. Los miembros de las comisiones deberían reunirse en Madrid una vez a la semana para dar cuenta de los avances realizados y votar, en su caso, las resoluciones acordadas. Los gastos de transporte y manutención de los parlamentarios, así como los gastos de alojamiento de los parlamentarios desplazados de sus domicilios habituales (hasta 30 km) correrían por cuenta del Estado.

Tras la aprobación de las resoluciones por las comisiones, éstas se trasladarían al pleno del parlamento como proyectos de ley, y serían defendidas por un portavoz de la comisión, que podría ser interpelado por el resto de parlamentarios. Éstos, oída la propuesta, tendrían dos meses para estudiarla y hacer alegaciones o sugerencias de mejora. Para ello, podrían recabar la opinión de expertos. Una vez recibidas las alegaciones por la comisión correspondiente, las estudiaría, añadiría aquéllas que mejorasen la propuesta en términos de bienestar social y eficiencia, y la presentarían para su votación en el pleno un mes después de recibidas las alegaciones. De recibir más síes que nóes, la propuesta se aprobaría y convertiría en norma, con el rango correspondiente. De lo contrario, sería rechazada.

Las propuestas que afecten de manera importante al bienestar social deberían ser aprobadas por mayoría de tres quintos del parlamento. No se admitirían transacciones entre propuestas (que sería objeto, de probarse, de sanción grave); es decir, yo voto la tuya si tú votas la mía, para garantizar que el principal motor de todas las propuestas es el interés general y no el intercambio de favores.

2.2. El gobierno democrático.

El gobierno democrático sería elegido por sufragio del pleno del parlamento rotatorio entre los aspirantes presentados libremente con mejor formación y aptitudes para desarrollar cada cargo, según los criterios de igualdad, mérito y capacidad, y por un periodo de 5 años.

Se establecerían unos requisitos mínimos en función del perfil de los aspirantes, mayores cuanto mayores fuesen las responsabilidades en el gobierno, de manera que sólo los mejores profesionales (en cuanto a su formación, experiencia profesional, liderazgo, gestión de equipos, idiomas, etc.) llegasen a gobernar el país, independientemente de su ideología personal u otros criterios, como su género. Cada aspirante debería ser un profesional reconocido en el campo en que aspira a gobernar. Así, el Ministro de Sanidad debería ser un profesional sanitario, el de Educación, un profesional del mundo educativo, etc. La única excepción a la formación de un aspirante a Ministro sería la del Ministro de Defensa, que se ejercería por un civil con acreditada lealtad democrática y experiencia en la materia, de forma que todos los altos mandos militares estuvieran subordinados a la máxima autoridad civil, dados los reiterados y graves precedentes de intervención del ejército en la vida parlamentaria española.

Además de sus posibles responsabilidades judiciales agravadas según lo visto en el apartado anterior (Reforma del sistema), el gobierno estaría vigilado en su actuación ejecutiva por el parlamento, que podría forzar una dimisión del gobierno o de cualquiera de sus miembros en sesión extraordinaria por causa justificada (incluida la falta de ética) y mayoría de 2/3.

Al finalizar los 5 años de mandato o antes, si prosperase una moción de censura parlamentaria, el gobierno debería renovarse en su totalidad por el mismo procedimiento. Los miembros del gobierno saliente no podrían volver a presentarse a un segundo mandato improrrogable hasta pasados cinco años desde su última fecha de ejercicio en el cargo. Las personas con antecedentes penales sólo podrían presentarse a cargos gubernamentales tras 5 años desde el cumplimiento de su condena ordinaria.

Ni la reforma democrática ni la sustitución de la partitocracia son sencillas. Las clases privilegiadas defenderán sus intereses para abortar cualquier cambio (aquí, con significado real) del *status quo*. El poder no suele ceder fácilmente ante la presión ciudadana, aunque sea masiva, especialmente cuando colisiona con sus propios intereses. Lo vimos con el rechazo mayúsculo e ideológicamente transversal a la intervención española en la guerra de Iraq de 2003, que sin embargo no disuadió al gobierno de José María Aznar, que obtuvo no sólo influencia internacional, sino jugosos contratos para sus amigos empresarios para la reconstrucción del país tras la guerra. Otro fue la nula repercusión de la huelga general sindical contra la reforma laboral del PSOE en 2010. O las masivas Marchas de la dignidad que reclamaban en 2012 y 2013 más atención a una ciudadanía exhausta por años de crisis y recortes, y que fue desoída y reprimida por el gobierno de Mariano Rajoy a favor de los intereses de sus compinches financieros.

Hay ocasiones en las que, para evitar males mayores para el partido, los dirigentes ceden ante la presión popular y "amputan", siempre forzados por las circunstancias, alguno de sus miembros podridos[171].

---

[171] Mateo, J.J. (10 de octubre, 2019). El PSOE intenta forzar la salida de Posse para que la polémica no desgaste a Sánchez- *El País*. Recuperado de:
https://elpais.com/ccaa/2019/10/09/madrid/1570640245_160033.html

Algunos ejemplos serían la dimisión de la ex presidenta de la Comunidad de Madrid Cristina Cifuentes en 2016, forzada por el presidente de su partido, al verse desbordado por la evidencia de fraude, falsos testimonios, coacciones y hurto que acorralaban a su protegida[172], o la (auto) expulsión del PSOE (también impuesta) de los ex presidentes andaluces Manuel Chaves y José Antonio Griñán tras ser imputados por el caso de los ERE fraudulentos[173].

Cuando la ampliación de derechos sociales no choca con los intereses de la élite, las cesiones son más fáciles, aunque nunca sencillas. Un ejemplo de ampliación de derechos sociales de ese tipo lo tenemos en la igualdad de derechos de los homosexuales otorgada por el gobierno de José Luis

---

[172] Naranjo, E. (28 de abril, 2018). Las dimisiones de Cristina Cifuentes: cronología de un derrumbe. *20minutos*. Recuperado de: https://www.20minutos.es/noticia/3323533/0/dimision-cristina-cifuentes-historia-derrumbe/

[173] Martínez, A. (29 de noviembre, 2019). El PSOE alega la falta de imputación para retrasar la expulsión de Chaves y Griñán. *La Razón*. Recuperado de: https://www.larazon.es/espana/el-psoe-alega-la-falta-de-imputacion-para-retrasar-la-expulsion-de-chaves-y-grinan-XY7919660

Carretero, I. (01 de junio, 2016). Chaves y Griñán renuncian a la militancia en el PSOE por el caso de los ERE. *Cadenaser.com*. Recuperado de: https://cadenaser.com/ser/2016/06/01/politica/1464778191_772062.html

Rodríguez Zapatero, que también ha beneficiado a políticos de esa tendencia sexual, pero que aún así ha recibido críticas ideológicas acervas por parte del PP, que la recurrió ante los tribunales[174].

Podríamos afirmar sin temor a equivocarnos demasiado que los avances sociales de cualquier tipo son escasos, lentos y ocurren tras intensa presión social. Al mismo tiempo, como hemos visto, no son raros los casos en que medidas de gran calado para la ciudadanía se han visto bloqueadas o rechazadas por los partidos de la oposición, o del propio gobierno, como medida de chantaje a otros partidos o por no haber sido presentadas por ellos, para evitar que el mérito de su adopción repercuta en el partido contrario. En esas circunstancias resulta difícil sostener que el fin último de los partidos sea la mejora del bienestar ciudadano.

---

[174] Marcos, P. (01 de octubre, 2005). El PP recurre al Constitucional las bodas gays por "desnaturalizar" el matrimonio. *El País*. Recuperado de:
https://elpais.com/diario/2005/10/01/sociedad/1128117603_850215.html

Por una revolución democrática

Las oligocracias de distinto tipo: partitocracias, plutocracias, corporatocracias, elitocracias, etc. son la forma prevalente de gobierno en la mayoría de países y tienden a serlo cada vez más dados el descrédito y la inaceptabilidad de regímenes dictatoriales, y el maquillaje efectivo mediante el cual se hacen pasar por democracias.

Las partitocracias se han consolidado como una forma de gobierno aceptable por las elevadas libertades que otorgan y por su fachada de representatividad social. Obviamente, constituyen un avance sustancial respecto de regímenes anteriores aún menos representativos y más autoritarios. Sin embargo, suponen tan solo un estadio intermedio en la evolución de las sociedades, en el cual una élite privilegiada explota y priva de poder y recursos a la mayoría mediante la pantomima electoral y la falacia representativa.

Está claro que puede vivirse en la explotación y el engaño. Las personas de mi generación, nacidas tras la Transición, lo hemos hecho toda nuestra vida y aquí estamos, con mayor o menor suerte. Sin embargo, la función de un Estado, y por extensión de cualquier gobierno, no debería ser garantizar la supervivencia de sus ciudadanos, algo que más o menos hacen, sino poner las bases para una existencia feliz de toda la ciudadanía; dotar a todos, independientemente de su posición social de partida, de las mismas oportunidades de prosperar y ser felices. Luego, el esfuerzo y la habilidad de cada uno redundarán en su prosperidad y felicidad finales. Cada uno ha de ser dueño de su vida y usar su libertad individual para triunfar o fracasar, ser feliz o infeliz, en función de sus propias decisiones, pero lo que el Estado siempre ha de garantizar es la igualdad de oportunidades de llegar a lo más alto, personal y profesionalmente, a cualquiera de sus ciudadanos.

Podemos convenir fácilmente en que las principales condiciones para una existencia feliz comunes a todas las personas son: la existencia de medios económicos suficientes, un medio ambiente saludable, unas relaciones sociales sanas y abundantes, seguridad pública, libertad individual, educación de calidad, sanidad eficaz, participación en la vida comunitaria, cohesión social, y oportunidades de desarrollo personal y profesional a lo largo de toda la vida. El Estado debe garantizar estas condiciones para todos los ciudadanos, algo que actualmente no hace, o hace parcialmente, porque las prioridades de quienes lo manejan son otras.

Las críticas a las deficiencias de los sistemas parlamentarios no son nuevas. A lo largo de los siglos XIX y XX hubo varios intentos de transformación social que neutralizaron la acción de los partidos, como el fascismo, el nacionalsocialismo, el anarquismo, el comunismo o el nacionalcatolicismo. A diferencia de las soluciones dadas por regímenes antiparlamentarios del pasado, que han tendido a concentrar todo el poder en unas pocas manos (por ejemplo, en juntas militares o partidos únicos), o incluso en una sola a través de dictaduras unipersonales (Figura 4), lo que aquí propongo es un reparto masivo y equitativo del poder a todos y cada uno de los ciudadanos para tomar decisiones en función de sus intereses (ver Figura 3).

La trampa de presentar un sistema oligocrático claramente explotador de la mayoría como una democracia representativa está bien urdida, y no resulta sencillo desentrañar las falacias cotidianas que presentan políticos y medios de comunicación para justificarla. Hay que aprender a pensar distinto, críticamente, a desafiar los dogmas impuestos por el sistema, a veces durante toda una vida: ni esto es una democracia, ni los políticos representan los intereses de la ciudadanía, ni son siquiera necesarios para tomar decisiones en pro de los intereses comunes.

Los ciudadanos, sin importar nuestras tendencias ideológicas, queremos en esencia las mismas cosas que nos proporcionan bienestar y felicidad, por mucho que las élites dominantes se empeñen en dividirnos. Las personas sabemos qué queremos, y qué es bueno para nosotros y para nuestras familias y comunidades mejor que nadie. Y no somos inválidos, ni menores de edad, para que alguien se arrogue el privilegio de "interpretarnos". Podemos hablar, decidir y gobernarnos a nosotros mismos con eficacia. Ya colaboramos democráticamente en algunas tareas del Estado, como en la impartición de justicia mediante jurados populares. Pero esto es la excepción.

Hemos de empezar por pensar críticamente, actuar solidariamente y esforzarnos por hacer las cosas de manera distinta, tomando nuestros destinos en nuestras propias manos. Ningún supuesto representante debe arrebatárnoslos.

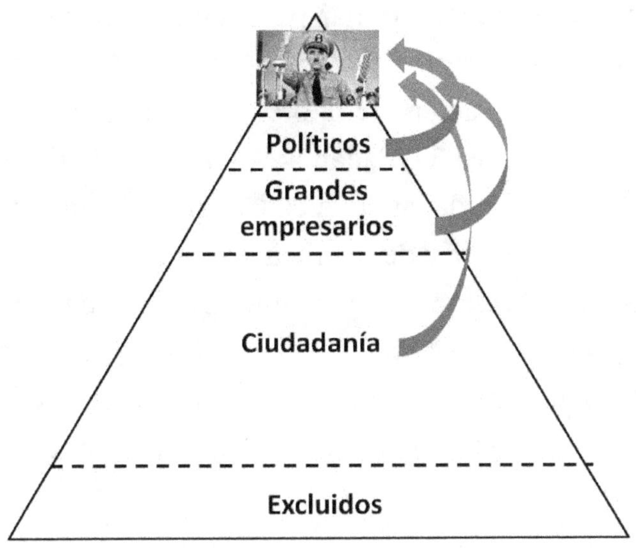

Figura 4: Pirámide social con concentración de poder típica, de abajo arriba, por ineficacia de sistemas pluripartidistas

La democracia (Figura 5) tiene una serie de ventajas evidentes con respecto a la partitocracia actual:

1) Prescinde de intermediarios empoderando al ciudadano en la defensa de sus propios intereses;

2) Es verdaderamente representativa de toda la sociedad, permitiendo que colectivos tradicionalmente excluidos de la participación pública (por convencimiento, desmoralización, falta de medios para organizarse o arrinconamiento

interesado) puedan tomar parte en las decisiones que les afectan;

3) El carácter temporal y rotatorio de los nombramientos ciudadanos evita la aparición de mafias consolidadas dedicadas al acaparamiento y tráfico del poder y de los recursos públicos;

4) El hecho de que múltiples ciudadanos se representen a sí mismos, y no a organizaciones jerárquicas con sus propios intereses favorece que prime el interés general por encima de cualquier interés organizativo;

5) La desaparición de las estructuras jerárquicas partidistas supondría también un notable ahorro de recursos públicos que ahora se dedican a financiar las maquinarias y los sueldos de personas que trabajan por el interés de su partido o por el suyo propio con dinero público.

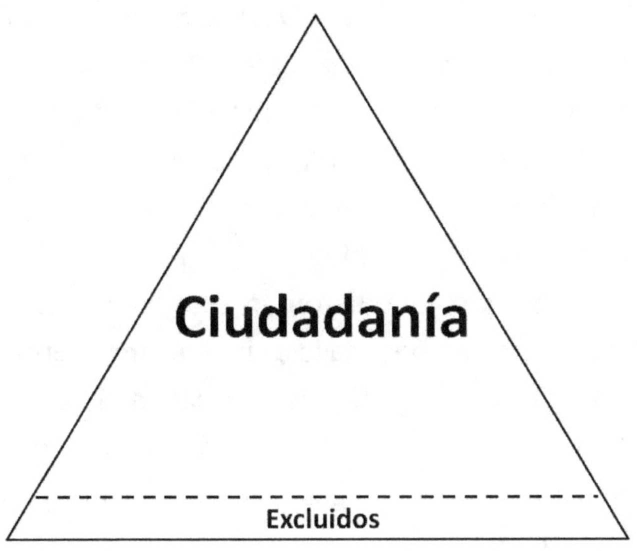

Figura 5: Pirámide social resultado de la revolución democrática: casi toda la sociedad está empoderada y tiene acceso equitativo a los recursos públicos. La clase de excluidos se reduce considerablemente al incorporar a los autoexcluidos.

Para una emancipación ciudadana exitosa, conviene tomar nota de las lecciones aprendidas a partir de movimientos democráticos en España y en otros países, como en Islandia, donde la implicación ciudadana ha conseguido sacudir los cimientos de sistemas elitistas y explotadores y conseguir una, al menos ligera, redistribución del poder[175]. Veamos algunas de las lecciones más obvias:

1) *Sólo es posible conseguir un cambio de régimen en condiciones de crisis social profunda*. Las "iniciativas ciudadanas" en España, Islandia y otros lugares llegaron como consecuencia de una situación insostenible y prolongada de crisis social y económica de amplio efecto sobre la población desde 2007-2008, que sacudieron los cimientos de ambos sistemas. En ambos casos, la enorme pérdida de credibilidad en los políticos y en las instituciones del régimen llevaron a los ciudadanos a plantearse opciones nuevas de gobierno más transparentes, justas y democráticas.

Sin embargo, en pocos años, tras los efectos más agudos de la crisis financiera, los ciudadanos parecen haberse "acomodado" de nuevo al sistema vigente con la mejora paulatina de las condiciones de vida, y este "efecto democrático" se ha desinflado en gran medida. No son conscientes de que es una mejoría transitoria, de que las condiciones que generaron la mayor crisis social desde la Transición: la corrupción, el partidismo, la politización de la justicia, y la

---

[175] Calatayud, J.M. (14 de agosto, 2019). Diez años de la rebelión cívica en Islandia: ¿Qué fue del gran experimento? *El Diario*. Recuperado de: https://www.eldiario.es/internacional/Democracia-digital-necesitamos-deshacernos-politicos_0_916909186.html

explotación ciudadana por la élite político-gran empresarial permanecen latentes, arraigadas en lo más profundo del régimen, a la espera de mostrarse de nuevo en forma de otra gran crisis que volveremos a pagar los ciudadanos, y que ya estamos volviendo a pagar con la gestión desastrosa del Covid-19. La enorme crisis social y económica provocada por la pandemia no es sino una más de las generadas o agravadas por el régimen de partidos y ha vuelto a dejar en evidencia esa forma tan española de hacer política, mezcla de incompetencia e irresponsabilidad partidista, que ya ha costado la vida a casi 60.000 compatriotas[176] y está arruinando a una parte sustancial de la ciudadanía[177]. Tal cataclismo está removiendo de nuevo los cimientos del régimen, que se defiende reforzando el control de los medios de comunicación independientes con excusas varias[178], y

---

[176] Coronavirus: el INE contabiliza 57.817 muertes más de las esperadas en 2020. (21 de octubre, 2020). *Redacción Médica*. Recuperado de:
https://www.redaccionmedica.com/secciones/sanidad-hoy/coronavirus-espana-muertes-ine-ministerio-sanidad--5807

[177] Vargas, R. (30 de agosto, 2020). Una cuarta parte de las empresas españolas está en quiebra técnica. *La Razón*. Recuperado de:https://www.larazon.es/economia/20200830/34natelrybcrbm2ee hppm6h2uu.html

[178] González, M. y Junquera, N. (05 de noviembre, 2020). El Gobierno vigilará las redes y dará una "respuesta política" a las

moviendo sus tentáculos judiciales para validar la criminalización desproporcionada de la protesta[179].

Sólo cuando la situación se haga materialmente insostenible y la ciudadanía se haya percatado de que la verdadera causa de sus problemas no viene de China, ni de Marruecos, ni siquiera del gobierno, sino del Congreso de los Diputados, sus parlamentos autonómicos, provinciales o locales, prosperarán las condiciones para una reforma en profundidad del régimen o para su sustitución por un sistema democrático. En ese momento, la ciudadanía unida deberá emprender acciones para la toma pacífica del poder que le ha sido usurpado. Cualquier intento de cambiar el régimen en ausencia de crisis profunda será una pérdida de tiempo y esfuerzo, pues fracasará con seguridad, al tener enfrente a las fuerzas del régimen (incluyendo las fuerzas de seguridad) y carecer de apoyo ciudadano masivo. Mientras los políticos dan lugar a la siguiente crisis, a los

---

campañas de desinformación. *El País*. Recuperado de: https://elpais.com/espana/2020-11-05/espana-dara-una-respuesta-politica-a-las-campanas-de-desinformacion-de-estados-extranjeros.html

[179] Marraco, M. (19 de noviembre, 2020). El Constitucional no ve mordaza en la 'ley mordaza'. *El Mundo*. Recuperado de: https://www.elmundo.es/espana/2020/11/19/5fb6814cfdddff352f8b457e.html

ciudadanos comprometidos con el cambio de régimen sólo nos queda esperar, unirnos, y prepararnos hábilmente para lo que vendrá.

2) *La solución no vendrá nunca por formar nuevos partidos*, por muy concienciados y voluntariosos que sean en sus inicios. Los partidos nuevos traen aire fresco a la política tradicional, y pueden lograr algunos avances hacia la igualdad entre clases. Un ejemplo es la decisión de los cargos electos de Podemos de limitarse el sueldo a tres salarios mínimos interprofesionales y donar el resto a causas sociales, una medida ética de ligar de algún modo su bienestar al de los ciudadanos menos favorecidos, en general bien recibida por la ciudadanía. Sin embargo, una vez que formas un partido entras en el sistema, caes en su trampa. A los partidos tradicionales no les agradará tener que repartir más pastel, pero te acabarán llevando a su terreno; terminarán haciéndote entrar en contradicciones flagrantes con tus postulados iniciales, como el famoso chalé de lujo del líder de Podemos, Pablo Iglesias[180], que, pese a no ser ilegal

---

[180] Así es la nueva casa de Iglesias y Montero: 268 metros, 4 habitaciones, 3 baños,
piscina y mucho lujo. (18 de mayo, 2018). *El Periódico*. Recuperado

ni siquiera deshonesto en cualquier persona con aspiraciones legítimas de proporcionar una vida cómoda a su familia, sí que resulta incoherente en alguien que tanto criticaba las "mansiones" de los miembros de "la casta"[181]. La tentación de ser superior a los demás, de vivir como un privilegiado es demasiado poderosa. Te asimilarán hasta hacerte igual que ellos, con sus mismos defectos, porque la condición humana es fácilmente corrompible, y los beneficios personales de entrar en el juego pueden ser enormes. Y en ese momento, te habrán desarmado. Ya no serás nunca más una amenaza para su sistema podrido, porque formarás parte de él. Ocurrirá de nuevo que los "representantes" pierden incentivos para "representar" a los ciudadanos oprimidos por el sistema y en cambio ganan muchos estímulos para medrar ellos mismos, sus maquinarias partidistas y sus allegados…a costa de los mismos ciudadanos que pretendían representar.

---

de: https://www.elperiodico.com/es/politica/20180518/nueva-casa-iglesias-montero-metros-cuadrados-habitaciones-banos-piscina-lujo-6826481

[181] Las frases de Pablo Iglesias cuando criticaba a la "casta" política que vive en chalés y áticos. (19 de mayo, 2018). *20 minutos*. Recuperado de:

https://www.20minutos.es/noticia/3345159/0/frases-pablo-iglesias-cuando-criticaba-casta-politica-vive-chales-aticos/

Ha ocurrido en España, con los nuevos partidos, Podemos y Ciudadanos, que han renunciado a muchos de sus postulados regeneracionistas y asumido, con mayor o menor rapidez, las malas prácticas de los partidos del régimen: prebendas varias, reparto de cargos, limpieza ideológica de críticos, sectarismo, etc.[182] Un ejemplo claro es el rechazo irresponsable y sectario de Ciudadanos a pactar un gobierno con el PSOE tras las elecciones de abril de 2019, un gobierno que la gran mayoría de los españoles vería con buenos ojos y que contaría con mayoría absoluta para sacar adelante sus iniciativas…por pura estrategia partidista. Otro

---

[182] Marcos, J. (19 de noviembre, 2018). Podemos exige acordar cuatro vocales en la renovación del CGPJ. *El País*. Recuperado de: https://elpais.com/politica/2018/11/10/actualidad/1541877286_703878.html

Sampedro, S. (06 de agosto, 2019). Rebelión contra Toni Cantó en Ciudadanos de la Comunidad Valenciana. *El Mundo*. Recuperado de: https://www.elmundo.es/comunidad-valenciana/alicante/2019/08/06/5d486239fdddff5bb68c070d.html

Cabeza, A. (26 de julio, 2019). Los comunes suben un 40% el sueldo a Ada Colau por su «sobrecarga de trabajo». *ABC*. Recuperado de: https://www.abc.es/espana/catalunya/barcelona/abci-comunes-suben-40-por-ciento-sueldo-colau-201907261050_noticia.html

González, O. (20 de noviembre, 2019). 29-J: Rivera se blindará ante los críticos de Ciudadanos. *La Razón*. Recuperado de: https://www.larazon.es/espana/29-j-rivera-se-blindara-ante-los-criticos-de-ciudadanos-LF24215178

ejemplo es la negativa de Podemos a pactar alguna forma de gobierno con el PSOE en las condiciones propuestas por Pedro Sánchez. Está claro que el PSOE vendía muy cara, carísima, la participación de Podemos en cualquier forma de gobierno, pero también es cierto que mientras no haya un gobierno, los que sufren son los ciudadanos, que ven como se retrasan los presupuestos de los que dependen sus becas, ayudas a la dependencia, listas de espera y otros servicios básicos, y aumenta la incertidumbre económica que desalienta las inversiones y reduce la creación de empleo[183]. Y ya van más de 5 meses[184] en los que estos dos partidos "progresistas" ignoran a la ciudadanía por sus propios intereses personales y partidistas. La gente que necesita comer, asistencia para dependientes o pagar la hipoteca no puede esperar cinco meses para hacerlo, pero les da igual. Ellos siguen cobrando sin ninguna repercusión a pesar de no hacer su trabajo, o de hacerlo mal.

---

[183] Las ayudas para la dependencia están bloqueadas por falta de Gobierno: 256.000 personas no reciben las prestaciones. (21 de agosto, 2019). *La Sexta.com*. Recuperado de: https://www.lasexta.com/noticias/sociedad/las-ayudas-para-la-dependencia-bloqueadas-por-falta-de-gobierno-25600-personas-no-reciben-las prestaciones_201908215d5d47fc0cf2370b3199a904.html

[184] A octubre de 2019.

Es cierto que los gobiernos "ciudadanos" municipales, como el de Ahora Madrid o el de Ciudadanos por Torrelodones, han dado pasos para democratizar las instituciones con medidas como los "presupuestos participativos", en los que la ciudadanía puede proponer cómo invertir parte del presupuesto municipal para mejorar su ciudad, y votar por los proyectos presentados[185]. Sin embargo, son medidas parciales que, aunque loables, no terminan con un sistema corrupto, explotador y partidista. Además, el apoyo ciudadano limitado a estas opciones electorales ciudadanas hace difíciles cambios democráticos de mayor calado. En otros lugares, como en Islandia, donde los nuevos partidos ciudadanos han entrado con cierta fuerza en las instituciones, se han acabado desinflando electoralmente ante la falta de reformas de calado por el bloqueo de los partidos tradicionales. Algo similar está ocurriendo en España. Por lo tanto, entrar en el sistema como partido está condenado al fracaso y no es una opción para cambiarlo.

---

[185] https://decide.madrid.es/vota
https://www.torrelodones.es/participacion-ciudadana/presupuestos-participativos

3) *Si se pretende cambiar el régimen explotador existente, la oposición al mismo ha de ser masiva y transversal.* Fracasará cualquier intento de transformar o sustituir democráticamente la partitocracia establecida sin una unión cívica casi total e ideológicamente transversal. Hemos de abandonar el sectarismo atávico español y concienciarnos de nuestros intereses comunes como clase. Esto incluye a ciudadanos de cualquier afinidad política, ámbito profesional y personal, incluidos los funcionarios y políticos del propio régimen, algunos de los cuales pueden ser receptivos (y hay que luchar por convencerles) a las bondades de democratizar el régimen y empoderar a la ciudadanía.

Es cierto que los ciudadanos progresistas son más proclives a cambios sociales de calado. Pero no lo es menos que la explotación de la clase política afecta por igual a ciudadanos progresistas, conservadores, apolíticos y excluidos. Todos conocemos jóvenes, de cualquier ideología o ausencia de ella, que han tenido que emigrar al extranjero por falta de oportunidades de futuro en España. Nadie nos pregunta a quién votamos cuando el banco nos otorga un crédito abusivo, cuando la administración hace recortes de personal (si no es personal de confianza), cuando nos suben desproporcionadamente la factura de la luz, cuando la autoridad aparece para desahuciarnos de nuestros hogares por no poder pagarlos, o cuando una nueva autovía nos cuesta el doble de lo presupuestado. Estos problemas nos afectan A TODOS. Por eso es fundamental aparcar las diferencias interesadas que crean los partidos para dividir la sociedad y dominarla e incidir en lo que, como ciudadanos libres e iguales con intereses comunes, nos une contra una élite que limita nuestro bienestar y felicidad.

Algunos pueden sentir temor ante lo desconocido, lo nuevo. Es comprensible. Toda novedad genera incertidumbre. A ellos les diría que lo que personalmente me produce miedo es un régimen que utiliza sistemáticamente la mentira y la manipulación para mantenerse, y que no duda en sacrificar el bienestar de sus ciudadanos para mejorar su posición, ya obscenamente privilegiada. Les diría que no se conformen con algo mediocre que "va tirando" y que limita nuestras posibilidades de desarrollo, como lo que tenemos, sino que somos un gran país, con talento, creatividad e impulso para crear una España mejor, más próspera, justa, civilizada y feliz para todos. Y que a ello debemos aspirar. Les diría que no abogo, en ningún caso, por una "revolución traumática" que genere división social y violencia, sino por una unión ciudadana cívica y pacífica, pero firme, insistente y consciente de sus intereses de clase. Por último, les diría que una sociedad que no actúa firmemente para defender y ampliar sus derechos, los irá perdiendo uno a uno. Ya lo estamos sufriendo con recortes masivos en sanidad, educación, ciencia, cultura, libertades públicas o derechos laborales, de los que aún no nos hemos recuperado[186]. Pero podemos perder mucho más si no nos unimos y defendemos nuestros derechos. Ahí siguen los bancos, fondos de inversión y ciertos partidos con el ojo puesto en reducir y privatizar otro tipo de derechos que creíamos inalienables, como las pensiones.

4) *La participación ciudadana en la toma de decisiones no puede ser voluntaria.* La gran mayoría

---

[186] AEDGSS. 2017. *Informe sobre el Estado Social de la nación 2017. ¿Nos están robando el futuro?* Recuperado de:
https://www.mayoresudp.org/wp-content/uploads/2017/03/Informe-sobre-el-Estado-Social-de-la-Naci%C3%B3n.pdf

La 'ley mordaza', en 10 claves. (28 de enero, 2019). *El Periódico.* Recuperado de:
https://www.elperiodico.com/es/sociedad/20150701/ley-mordaza-en-10-claves-4319472

de los ciudadanos tiene vidas complejas, trabajo, familia, hijos, aficiones, etc. que consumen la mayor parte de su tiempo. Ya bastante tienen con gestionar sus vidas y agendas. El tiempo libre de que disponen es escaso y prefieren emplearlo en cosas que les diviertan y relajen, y no en "estudiar" propuestas políticas ni en cómo invertir el presupuesto de su ayuntamiento, que es un trabajo en sí mismo. Sin menoscabar la utilidad de los procesos participativos voluntarios, la participación ciudadana en el gobierno debe profesionalizarse, con derecho a una interrupción temporal de su actividad profesional o personal actuales, una formación específica para el cargo, un sueldo público, y unas fuertes restricciones legales a su actividad como cargo público. Sólo así puede garantizarse una participación informada, continua, eficaz y honrada del conjunto de la ciudadanía en el gobierno, y no sólo de unas cuantas personas voluntariosas con tiempo libre, recursos suficientes y/o extra motivadas, como hasta ahora.

5) *Las decisiones tomadas en procesos participativos democráticos han de ser vinculantes.* De nada sirve establecer mecanismos "voluntaristas" de participación ciudadana de tipo constituyente, de asignación presupuestaria, etc. si las decisiones que se

adoptan en ellos son tergiversadas o ignoradas en las instancias estatales encargadas de la toma de decisiones. Bueno, sí. Sirve para desmoralizar a la ciudadanía que se ha esforzado en llevar sus propuestas adelante y echarla en brazos de sus explotadores tradicionales.

La ciudadanía ha de percatarse de que otra forma de gobernar no sólo es posible, sino deseable para dirigir sus destinos hacia una mayor felicidad individual y colectiva, usando equitativamente los recursos públicos para perseguir sus intereses a distintas escalas: municipal, regional y nacional.

Lo que puede pensarse, puede hacerse. Está en la mano de cada uno de nosotros aportar nuestro grano de arena para conseguir una sociedad más justa, armoniosa y feliz. Las clases privilegiadas se opondrán a ceder privilegios. No van a facilitar la transición. Eso es seguro. Les va muy bien como hasta ahora. Depende de la ciudadanía organizarse de tal manera que fuerce a las clases privilegiadas, por medios pacíficos, a aceptar una reforma democrática del Estado y sus instituciones o, en caso contrario, su sustitución por una democracia. Algunas de las medidas de presión al régimen que pueden ser útiles y que se podrían adoptar son: la huelga general indefinida, especialmente eficaz en gremios concretos como la administración, los transportes o el suministro energético; la abstención electoral masiva; o el apoyo a partidos ciudadanos de clase que dejen vacantes los escaños[187] como forma de visibilizar el rechazo a una forma de gobernar despótica, injusta e irresponsable, que resista todo compromiso con el régimen, y que sólo se avenga a negociar la transformación democrática profunda y real del sistema, sin transacciones.

Las manifestaciones suelen percibirse con poca ansiedad por los regímenes establecidos, ya que implican mucho esfuerzo organizativo y participativo y suelen ser poco eficaces para conseguir cambios. La respuesta del poder es sencilla: ningunearlas[188], de forma que toda la energía y entusiasmo de los manifestantes se suele disipar sin cambios tangibles. Asimismo, son fáciles de reventar por parte de participantes radicales y de infiltrados del Estado, en

---

[187] Escaños en blanco. (2019). Recuperado de:
http://escanos.org/

[188] González, M. (27 de setiembre, 2012). Rajoy rechaza el 25-S y alaba "a la mayoría silenciosa que no se manifiesta". *El País*. Recuperado de:
https://elpais.com/politica/2012/09/26/actualidad/1348685176_244661.html

cuyo caso se aprovechan los altercados cuidadosamente provocados para criminalizar a los manifestantes. Este tipo de protestas por lo común sólo consiguen desmoralizar a los participantes, que son ignorados por el poder, cuando no criminalizados, golpeados y detenidos.

Hay algunos tipos de protestas callejeras prolongadas, como la de los estudiantes pro-democracia en Hong Kong, que han dado resultados en forma de hacer recular al régimen[189], pero están implicando, con el paso de las semanas, un grado de confrontación y violencia que no es aceptable.

Cualesquiera que sean las medidas de presión concretas, la ciudadanía ha de concienciarse del problema, superar el individualismo y la intolerancia para unirse en pro de sus intereses comunes, identificar correctamente a su adversario, y comenzar a pensar, hablar, y actuar distinto, fuera del estrecho marco que establecen las normas y discursos del régimen.

---

[189] La jefa de Gobierno de Hong Kong retira definitivamente la ley de extradición a China tras meses de protestas. (04 de setiembre, 2019). *Europa Press*. Recuperado de: https://www.europapress.es/internacional/noticia-jefa-gobierno-hong-kong-retira-definitivamente-ley-extradicion-china-meses-protestas-20190904122155.html

La revolución democrática es ante todo un cambio de actitud individual y colectiva. Consiste en pasar de la pasividad resignada a la participación ilusionada, de ser meros espectadores a actores comprometidos con nuestro bienestar y con el de nuestras comunidades.

Málaga, 21 de noviembre de 2020.

www.ingramcontent.com/pod-product-compliance
Lightning Source LLC
Chambersburg PA
CBHW061756250726
48657CB00001B/154